河合栄治郎の思想形成と理想主義の課題

まえがき

本書は二部構成によって組織されている。第一部のタイトルは「河合栄治郎のT・H・グリーン研究と理想主義の課題」である。第一部は一〇章から構成される。第一章は河合がグリーン研究に着手するに至った契機とかれの問題意識とを再検討した内容である。第二章は『トーマス・ヒル・グリーンの思想体系』の構成を示し、その再検討を試み、若干の問題点を指摘した内容である。第三章は河合のグリーン研究の成果が『学生に与う』の中でどのように反映しているか、その課題は何であるかを検討したものである。第四章は河合に影響を与えたカント、J・S・ミル、グリーンの三人の思想家をとり上げ、河合がかれらの思想をどう評価したか、河合のかれらの思想についての解釈が適切であったかどうかを検討する。第五章は河合の人間観は何であったかをかれの「強い性格」との関係において再検討し、グリーンの人間観と比較し、両者の相違を明らかにする。第六章は河合の宗教観とグリーンの宗教観とを比較し、両者の相違点を指摘した上で、河合の宗教観の課題を明らかにする。第七章はグリーン以後の思想動向をイギリス理想主義の衰退との関係において概観する。この動向の中で河合が理想主義者の最長老であったミュアヘッド教授とグリーン夫人とを訪問した意義を明らかにする。第八章は「グリーン以後の思想界」の中でデューイのプラグマティズムが言及されていない点に注目し、グリーンの理想主義がデューイのプラグマティズムの形成に大きな影響を与えていた経緯を再検討し、その意義を再評価する。第九章は河合が武士道を評価していた点に注目し、かれの恩師であった新渡戸稲造の『武士の道』において紹介されている神戸事件の主人公である滝善三郎の武士道と切腹との関係を紹介した内容である。第一〇章は河合の自我成長論を芸術における「忘我」との関係において再検討し、河合の思想体系における忘我の意義を再評価する。

第二部も一〇章から構成される。第一章は戦後の旧制中学校・新制高等学校時代において筆者が始めて河合栄治郎の教養書に出会い、弁論部の活動と文章の表現方法との大切さに気づいた経緯の回顧である。第二章は筆者が岡山大学在学時代の教育実習に失敗した経験の失意から筆者を救済した内村鑑三の『後世への最大遺物』の一部を紹介し、カーライルの生き方が筆者にどのように影響を与えたかを述べた内容である。第三章は筆者がなぜ広島大学院に進学を志すに至ったかの経緯と英米倫理学を研究するようになった端緒とを述べた内容である。第四章は大学院修士課程の研究テーマとして選んだ功利主義者・H・シジウィックが功利主義と合理的自愛との二つの原理をなぜ「実践理性の二元性」として主張するに至ったかについてその歴史的背景を検討した内容である。第五章は筆者が博士課程の研究テーマとしてなぜ「グリーンにおける自我実現の研究」を決定するに至ったかを述べ、自我実現の構造とその歴史的背景とを検討した内容である。とくに、グリーンがカント、イギリス経験論、功利主義をなぜ批判したか、カントの定言命法と理性との関係をどう批判したか、パウロのキリスト教信仰をどう評価したかを検討し、共通善の歴史的背景を明らかにしたことが第五章の内容である。

第六章は筆者が「河合栄治郎の思想体系」（一九六四）を始めて発表した目的は何であったかを述べた内容である。河合は「理想の自我」（人格）の実現を究極目的とし、「現実の自我」がその永遠の目的に向かって自己を鞭撻し、激励する努力を中核とする思想体系を構成しようとする。しかし、人格の実現と現実の自我の努力との間にはギャップがある。河合はこのギャップを克服する原理をどう考えたか。この問題を中心として検討した内容が第六章である。第七章はM・リヒターのグリーン研究のアプローチと河合のそれとを比較し、両者の類似点と相違点とを検討した内容である。河合は思想の体系的要求からグリーンの思想体系を解明するが、リヒターはグリーンが生まれた家庭環境やオックスフォード大学の伝統および一九世紀の宗教運動に注目し、グリーンの思想の歴史的環境の視点からグリーン研究に迫る。河合もグリーンの理想主義の史的背景を検討するが、これは従属的である。第八章は筆者がオックスフォード大学へ留学するとき、河合栄治郎の『在歐通信』から多くの示唆を受けた点を紹介した後、河合栄治郎の在英研究において注目しなかった諸部分を発見し、この研究のために関係の教授や知識人を訪問し、グリーン研究の新しい資料等の情報を得た内容である。第九章は日本イギリス理想主義学会が設立されるに至った経緯を紹介すると共に筆者が在外研究によって開眼させせられた近代日本思想とグリーンの思想とをどのように結びつけ、日本の思想研究の道は何であるかを考えた内容である。第一〇章は河合栄治郎の人生観から何を学ぶことができるかという問題意識から河合の生涯と思想からわれわれが継承し、解決し、発展してゆくべき課題をいくつかとりあげ、再検討し、再評価する内容である。

以上が第一部および第二部の概要である。人格の実現と現実の自我との関係を理解することは難しいと見られている。これを理解するヒントは河合の「二にして一、一にして二」の思想である。「二にして一」の思想は河合の恋愛論や友情論に現われている。その根底には忘我（自他一如に比すべきもの）がある。この思想が河合の思想体系を一貫していたならば、理想の自我と現実の自我とのギャップは克服されていたことであろう。しかし、河合は「一にして二」という個人の独立性を無視することはできなかった。それは失恋や離婚として現われることもある。忘我には限界があり、矛盾の可能性を含んでいる。河合の忘我（没我）は西田の「絶対矛盾的自己同一性」を髣髴させるが、河合は西田哲学の基礎に相応する原理をもっていなかった。今回、河合栄治郎の思想を再検討することによって筆者は以上の点を新しく発見したのである。

本書は「河合栄治郎著作選集」全五巻の別巻である。本書の執筆依頼を河合栄治郎研究会の川西重忠（桜美林大学名誉教授）代表から受けたのは、平成三〇年二月一五日の河合栄治郎墓参の後開催された研究集会のときであった。川西代表には校正等で大変お世話になった。この場を借りて改めて心からお礼を申し上げたい。

平成三〇年九月二五日

行安　茂

目次

第二部　河合栄治郎の影響と私のT・H・グリーン研究への道

第一部　河合栄治郎のＴ・Ｈグリーン研究と理想主義の課題

第一章　河合栄治郎の問題意識と成長の三段階

一　河合栄治郎のアメリカ出張とスロニムスキー教授との会見

河合は大正四（一九一五）年東京帝國大学法科大學政治學科を卒業した後直ちに農商務省商工局に勤務する。同五年工場監督官捕に任ぜられる。同六年臨時産業調査局事務官に任ぜられる。同七年八月農商務省より工場法々案研究のためアメリカに出張し、労働問題の研究と視察に一年間従事する。この間、河合はスロニムスキー教授に会う機会に恵まれ、グリーンの『政治的義務の原理』を紹介された。この経緯について木村健康は次のように述べている。

「氏が官僚として悩みつつあった國家主義に對する懐疑を超克する端緒は、實に滞米生活の賜物であった。労働問題の學理を求めての巡禮の途上で、河合栄治郎氏はジョンズ・ホプキンズ大學のスロニムスキー教授に面會するの機を得た。スロニムスキー教授に對して河合氏が具さに自己の抱懐する問題を訴えたとき、教授は河合氏の求めるものが恐らく社會哲学であること、そうして河合氏の求める社會哲学は恐らくはトマス・ヒル・グリーンの『政治的義務の原理』の中に見出されるであらうことを示唆した。教授のもとを辭したその足で河合氏は直ちにグリーンのこの書を求めたが、滞米生活の繁忙は直ちにこれについての研究に耽ることを許さなかった。しかし河合氏はこの會談の結果、少なくとも會て恩師小野塚博士の示唆した個人主義の原理を再認識し再評価するに至ったのであり、自己の模索しつつあった労働問題解決の原理が、まさに個人主義にほかならぬことを、漠然とながら感ずるにいたったのである。さうして後年大學教授となった河合栄治郎が、トマス・ヒル・グリーンから思想上決定的な影響をうけるにいたった淵源は、實にこのかりそめの會見にあったのである[(1)]」。

大正八（一九一九）年五月、河合はアメリカから帰国し、工場法起草に際し上司と意見が合わず、遂に同年一一月濃商務省を辞職する。そして「官を辭するに際して」を朝日新聞上に発表したことは周知のとおりである。同九（一九二〇）年六月、東京帝國大學経済學部助教授に任ぜられる。以後、河合はグリーンの『政治的義務の原理』および『倫理学序説』の研究に着手し、同一一（一九二二）年一一月、英国へ留学するまでグリーンの二著を読み、その思想体系の概要を把握していたことであろうと推察される。

河合が求めていたものは社会改革の原理であった。かれがアメリカの出張中求めていたものは労働問題を解決するための社会哲学であった。しかもその社会哲学は社会制度を改革するためのものであったが、この改革原理はマルクス主義の改革原理でなければならなかった。これが何であるかが河合のアメリカ滞在の悩みであった。こうした悩みがスロニムスキー教授との会談によって解決される曙光が見えかけてきたのであった。その曙光とは個人主義の原理に立つ社会改革であった。グリーンの思想の中に河合は個人主義に立脚する社会哲学を見出すことができるであろうという、強い期待があった。周知のように、河合は第一高等学校在学中から新渡戸稲造校長や内村鑑三から理想主義の影響を受けており、人間としての生き方・あり方に目覚めていた。この人生観に立つ個人主義こそが社会改革の原点でなければならないという信念が河合の中に形成されつつあった。この要求に応えることができるであろうと期待されたのがトマス・ヒル・グリーンの思想体系であった。

河合はなぜ農商務省を辞職したのか。かれの母親はかれの辞職には反対であったといわれている。河合が上司と意見が合わなかったのはなぜか。河合は「官を辭するに際して」の中で次のように述べている。

「自分の歸朝するや否や農商務省参事官に任ぜられ、巴里に於て議決せられたる九箇條の原則と華盛頓の議題五箇條に就て、其の説明及び意見を起草すべく命を受けたのである。當時竊に省内の保守的傾向と内務省の固陋頑冥なる思想とを眺めて、此の間に於て此の問題を提げて起つものは須らく職を賭するの覺悟あるべきを像感したのである、しかし之は實に吾が日本の労働政策の根本を決すべき大問題であって、之が為に一身を傾倒するも毫も悩む所なきを思って事に従った。不幸七月下旬に於て農商務大臣は結局自分の意見を容れない事になって、別に他の人々に原案の起草を命じた。當時自分は事既に定まるを感じた。国際間に於ける日本の窮地を知り、国際労働會議の意義を感ぜる自分は、此の時官を辭して輿論を喚起し、政府の對案に修正を加ふべく宣傳の運動を爲さんかと考へた。(2)」河合が辞職するに至った二つの理由があった。第一は当時の農商務省と内務省の意見が保守的であり、「固陋頑冥」であったことである。これらの意見が河合の自由主義的思想と対立したことである。第二は農商務大臣が工場法々案の起草を別の人に任命し、河合がその担当をはずされたことである。これは河合の思想がラディカルとして上司から誤解されたことおよびかれの自己主張が強い性格と結びつき、きらわれたことの二点によるものであったと考えられる。

二　人間の成長の三段階

河合は人間の成長を三段階において考える。これらの段階は『トーマス・ヒル・グリーンの思想体系』の第一章「緒論」において詳しく述べられる。これらを読んで気づくことは河合が成長を社会制度に対する個人の対応関係の仕方として考えていることである。社会制度とは慣習、道徳、法律、家族、国家等を意味する。成長の第一段階は社会制度が個人の思惟を決定する段階である。具体的には子どもが親の命令に服従したり、教師の命令に服従する態度である。この対応の特徴はなぜ服従しなければならないのかという疑問を持つことなく親、教師の命令に単純に服従する自然の対応である。少年時代は概してこうした保守的服従をするが、家庭環境によっては親に反抗する子どもが存在することも考えられる。第二段階は第一段階の態度に自分から疑問をもち、命令されるがままに行動することがよいことかどうかを主体的に考える段階である。河合は第二段階は第一段階の行動に対する反省の結果であるという。それは第一段階の行動とは違った、新らしい行動の対応である。それが成長の第二段階とよばれるのはそのためである。河合はこのプロセスを以下のように考える。第一段階の行動は「仮面と偽事」ではなかったか、それは利己心に基づく行動ではなかったか、あるいはそれは親、教師、上司から好意と評価を得たいという願望から起こった行動ではなかったかという反省が第二段階の始まりである。河合は第一段階と第二段階とを比較し、次のようにいう。第一段階に属する「大多数の人は思惟成長の過程に於て次の段階に進まずして、此の時代のままに終始する。人の多くは生まれて制度の中に生き、それに育てられて此の世を辞する。従って大多数の人はあるがままに社会秩序を受容する保守派である。彼等は啻《ただ》に保守派たるのみではない、徐々として制度殊に道徳の命令にも違背して、その日その日の享楽に人生を送る酔生夢死の徒と化して往く。(3)」これに対して「選ばれた少数の人々は、此の段階に止《とど》まらずして次の段階に進展する。今まで盲目的に無批判的に唯《ただ》従順に、外よりの命令に動いて来た彼等は、漸く外よりの声に疑惑の眼を向ける。かくなる心理的過程は複雑であろう、あるものは漸く萌《きざ》し来たれる肉体変化が、今まで服従し来たれる命令に服従を許さなくなって来たこともあろう。又或いは今まで従順であったことが実は利己心よりの発露で、自己の仮面と偽善とに羞恥を感ずることからもあろう。更に又外よりの命令の実はそれ自身分裂し抵触する不統一さを発見することもあろう。(4)」成長の第三段階は社会制度を「最高原理」の視点から見ることができる段階である。最高原理とは社会制度の目的が人格の完成あるいは自我の成長であることを意味する。この第三段階は社会制度を唯々肯定することにとどまることではなくて、その批判を許し、新しい制度に改善することを許容する創造的段階である。河合は成長のこの段階が社会改革の目的であると考える。成長の三段階はヘーゲルの弁証法を生かした発想であると見ることができる。

周知のように、ヘーゲルは弁証法の第一段階を「即自的」（an sich）と考える。これは主客未分の段階である。それは主観と客観とが分化していない意識の段階である。ヘーゲルの第二段階は「対自的」(füin sich)である。これは第一段階を反省し、主観と観客とが分離し、客観を主観には対立させ、批判的に見る段階である。社会制度(慣習、道徳。法律、家族、国家)の命令と個人の要求との矛盾が意識される段階がこの第二段階の特色である。ヘーゲルの第三段階は主客の対立が調和へ止揚され、総合統一される段階である。ヘーゲルはこれを「即自かつ対自的」(an und füin sich)な高い段階をよぶ。河合はこの段階は絶対的に完全なものとは見ない。なぜかといえば最高原理は、社会制度が時と所とによって制約される限り、完全には表現されないからである。この点において河合はヘーゲルの絶対主義に対しては同意できなかった。河合の成長の第三段階は、社会制度に対しては是認と批判、肯定と否定の両面を含むものであった。河合にとっては人間の成長は第一段階から第二段階へ、第二段階から第三段階へと進むが、第三段階をもって最終段階とするものではなかった。第三段階の成長はその中に批判される部分を含んでいる以上、これを克服し、その段階を超えていく内的運動を含んでいるからである。河合の人格の成長の視点に立てば、人は保守主義者であると共に急進主義者たるのである。

三　河合はJ・S・ミルの「内的煩悶」を正しく理解したか

河合の理想主義体系を理解するに当ってミルの『自伝』第五章が注目される。察するにミルの悩みは河合にも共有できる問題であったと見えるからである。まず河合がミルの悩みの所在とその解決の方向についてどう理解し、解決したかを考えてみよう。河合はミルの『自伝』第五章を引用する。河合はミルの「内面的危機」を次のように解釈する。

第一はミルは一八二六年秋以前は最大多数の最大幸福とかれ自身の幸福とが完全に一致すると考えていた。しかしこの年から翌年にかけて神経が鈍麻する状態になり、ベンサム・イキオロギーに対する懐疑と批判とにミルは逢着する。この結果、快楽主義と功利主義とはいかにして接続するか、これがミルの疑問であったと河合は解釈する。しかし、ミルはこの「接続」を積極的に考えてはいなかった。ミルはいう、「私の仰ぎ見る全ての人たちの考え方は、ひとと共感するよろこびとか、他人のため殊にひろく人類全体のためということを人生の目的とする気持とかこそ、最も確実な幸福の源である、というところにあった。このことにまちがいはないとわたしは確信していたが、しかしある気持を持てば幸福になれるのだと知ったからとて、その気持になれるものではなかった。[5]」河合の解釈の方向はミル自身が考えていた方向とは明らかに異なる。この相違は河合の次の解釈にも見られる。

「ミルは當時自ら自己に問を起して、『若し最大多数が最大幸福になったら、汝はそれで満足するか』と問うた時に、彼は自らに『否』と答えたそうであるが、その答は、最大多数の最大幸福自體が終局の善に非ずして、之を善ならしむるもの、更により終局の善なるものが存在することを無意識の裡に承認したことに外ならない。[6]」この引用文の後半部分はミルの考える問題とは違っており、河合が期待する方向である。ミルが「終局の善」を考えていなかったことは以下の言葉から明らかである。「私の全幸福はこの目標を絶えず追いつづけることにあるはずであった。ところが、この目標は一朝にして魅力を失ってしまった。して見ればそこに至る手段に、どうしてふたたび興味を感ずることができよう。もう私の生きる目的は何一つ残っていないように見えた。[(7)]」ミルにとっては河合の「終局の善」は関心の外にあった。ミルは以上のような失意の中にあってこれを克服する道を「新らしい人生論」によって解決するが、河合はこの理論に全く注目することなく、ミルが求めた第二の解決方法であった「人間的教養」に注目する。河合はこれを次のように述べる。

「この問題に出會したミルは、いかなる所にその新たな考えを求めたか。前に學げた『自叙博』の一箇所は、彼が此の後に於て『内的教養』に重要な注意を向けたと告げてゐる。又その後の著作に於て屢々彼は『人としての成長』、『人の持つあらゆる能力の發展』を、人生の目的と告げてゐる。此のことは彼が終局の善なるものを求めたことと、それを何に求めたのかを語るものである。遂に低迷迂回の後、理想主義の善なるものに落付いたのであるが、然しそれは必ずしも功利主義を捨てたことを意味するものではない。『内的教養』『人としての成長』は、必然最大多数の最大幸福を圖らしめざるをえない。それを圖らずして『人としての成長』なるものがあり得ない。人たらんとする時に、苦しめる同胞を看過するを許さない。之を看過せば彼が人として成長してゐないことの實證である。故に結果は、終局の善と功利主義との取捨ではない。最大多敷の最大幸福を善ならしむる終局のものを求めたに過ぎない。功利主義に満足して半途に停止したミルが、更にそれを價値付けるより終局のものを求めたに過ぎない。異れるは功利主義の取捨に非ずして、功利主義より上に第一義のものを求めた償値の順位である。[8]」これは河合の功利主義観であって、ミルの問題意識に即した解決ではない。ミルは功利主義の上に「終局の善」を求めたのではない。いわやこの善によって功利主義を価値づけたのではない。河合はミルに大きな影響を与えた「新らしい人生理論」を見逃した。この理論こそが河合が問題にした「快楽主義と功利主義との接続」を可能にするものであった。ミルはこの理論を以下のように説明する。「私の、幸福があらゆる行動律の基本原理であり人生の目的であるという信念は微動もしなかったけれども、幸福を直接の目的にしないばあいに却ってその目的が達成されるのだと、私は考えるようになった。自分自身の幸福ではない何か他の目的に精神を集する者のみが幸福なのだ、と私は考えた。たとえば他人の幸福、人類の向上、あるいは何かの芸術でも研究でも、それを手段としてではなく、それ自体を理想の目的としてとり上げるのだ。このように何かほかのものを目標としているうちに、副産物的に幸福が得られるのだ。人生のいろいろな楽しみは、それを主要な目的とするのではなく通りすがりにそれを味わうときにはじめて、人生を楽しいものにしてくれる、というのが私の新らしい理論だった。——幸福になる唯一の道は、幸福をではなく何かそれ以外のものを人生の目的にえらぶことである。自意識も細かな穿鑿心も自己究明もすべてをその人生目的の上にそそぎ込むがよい。そうすれば他の点で幸運な環境を与えられてさえいるなら、幸福などということをクヨクヨと考えなくとも、想像の中で幸福の先物買いをしたらりむやみに問い詰めて幸福を取り逃がしたりせずに、空気を吸いこむごとくいとも自然に幸福を満喫することになるのである。こういう考え方がこのころから私の人生哲学の基礎となった。そして現在でもなお私はこの理論を、感受性も楽しみを享受する能力も普通の程度にしか持たないすべての人たち、言いかえれば人類の大多数の人にとっての最上の理論として堅持している。[9]」

ミルは「新らしい人生理論」によって自己の幸福と他人の幸福や人類の向上との一致を同時的一体性において見ることができた。他人の幸福や人類の向上にかかわる仕事をそれ自身理想の目的としてそれに精神を集中することが自分自身の幸福であるという理論である。ミルは河合が指摘する快楽主義と功利主義との矛盾を「新らしい人生理論」によってわかりやすく解決する。河合はこの理論に注目することなく、「内的教養」「人としての成長」が最大多数の最大幸福を図るというが、それはなぜそうなるかを説明していない。かれは「終局の善」を主張する以上、ワーズワースの詩の根底にある「静かな黙想」に注目し、ここに「幸福の永久の源」を求めるべきであっただろう。そうすれば快楽主義と功利主義との矛盾を河合はミルと共に解決することができたであろう。

註

(1) 社会思想研究会編『河合栄治郎の傳記と追想』、社会思想研究会出版部昭和二三年一八頁

(2) 河合栄治郎選集第二巻『第一學生生活』昭和一六、三七二－三七三頁。

(3) 『河合栄治郎全集』第一巻、社会思想社、昭和四三年、二五頁。

(4) 同書二五頁。

(5) J・Sミル（朱牟田夏雄訳）『ミル自伝』、岩波文庫一九八五年、一二四－一二五頁。

(6) 『第一學生生活』七〇 - 七一頁。
(7) 『ミル自伝』一二〇頁。
(8) 『第一學生生活』、七二 - 七三頁。
(9) 『ミル自伝』、一二八頁。

第二章　『トーマス・ヒル・グリーンの思想体系』の構成と永遠意識

一　『トーマス・ヒル・グリーンの思想体系』の構成

河合のアプローチは思想家の伝記を検討することによってその課題と思想形成とを明らかにすることにある。かれはグリーン研究においてもこの方法を採用し、その思想の全体像に迫ってゆく。第一巻は次のような構成になっている。

第一章　緒論
第二章　千八百七、八十年代の英国（上）
第三章　千八百七、八十年代の英国（下）
第四章　英国理想主義運動
第五章　グリーンの生涯
第六章　グリーンの思想体系と学風
第七章　グリーンの認識論
第八章　グリーンの欲望論
第九章　グリーンの観たる「自由」の概念

河合は第一章「緒論」において思想史研究の目的と方法について述べる。その目的とは思想の統一であるとし、以下のようにいう。「この目的のためならば思想の研究は、吾々自身の思想のためになることを居常念頭に置くことが必要である。然るにすべてのことに、ある目的のためにする手段が、目的となって当初の目的を喪失するように、思想史の研究が若《も》しそれ自身を目的とするならば、それは当初の目的に添わない。かかる危険に陥り易い誘惑から吾々を警戒して、吾々自身への反省を不断に刺戟する方法はないか。それには一人の特定の思想家を捉えて、その人と共にその人の思想を体験するが如き過程を辿るに如くはないと思う。かくて選ばるべき特定の思想家は、いかなる種類の人たるべきであろうか。私はそれが理想主義者であることを指摘したい。何故なれば理想主義を信ずるものは、その人の道徳哲学の形態が何であろうとも、人としての成長が重大な関心であることは確かである。彼にとって哲学することは、知識としてでなく学問としてでなしに彼自身の止むをえざる内心の要求である。それなくして生活し能わざる必然の条件である。(1)」

河合は以上の要求からトマス・ヒル・グリーンを選択した。かれはグリーン研究を進めてゆくに当たって、まず、その生きた時代背景を検討することから始める。これが第二章と第三章の課題である。第二章においては「英国経済界の転機」と「労働立法の進展」が検討される。河合はA・L・バウリーやG・D・H・コール等の統計資料を第一表から第九表をあげ、輸出入の額及び製品が一八六五年から一八九〇年にかけ、どのように変化しているかを紹介する。これらによると一八六〇年から一八七三年にかけ輸出額が輸入額を約二倍増加している。輸出品は鉄鋼であり、輸出先は一八九〇年ではアメリカがトップであったが、一九〇〇年にはドイツがトップになっていた。河合は労働立法の中で注目されるのは「地主と小作人（アイルランド）の法規」、「公衆衛生法規」（一八七五）、「土地法（アイルランド）」（一八八一）、「炭鉱法規」（一八八七）、「労働者階級の住宅法規」（一八九〇－一九〇〇）、「小売店時間法規」（一八九二－九五）、「女性の補償法規」（一八九七）等である。河合は第三章においてベーコン、ロック、バークレー、ベンサムの経験主義を批判的に検討した後、J・S・ミルの功利主義からグリーンの理想主義への必然性を次のように述べる。

「経験主義の寵児として育てられ、而も経験主義から反対思想への推移を体験した思想家はジョン・スチュアート・ミルである。感嘆すべき感受性と順応力とを持つ彼は、認識論から社会思想に至るまで到る所に、新たなる思想への努力を示した。然し彼は遂に経験主義より蝉脱《せんだつ》しえざる制約を受けていた。新しき方向への努力は唯ベンサム主義との論理の矛盾に於てのみ為された、それは徒《いたずら》に彼を過渡的思想家たるに止《とど》まらしめ、彼の努力は新たに来たらんとする思想が従来と全く異なる基礎のものたるべきことを表明したに止まった。彼の為さんと欲して為しえざりことを、毫も理論の矛盾なしに為しえたのが、グリーン等の理想主義者であった。[2]」

河合は第四章において「英国理想主義運動」の歴史を説明する。まず、この運動の起源がソクラテス、プラトン、アリストテレスにあることを指摘した後、イギリス人においてどのように発展してきたかについてオックスフォード大学の役割、とくに「寮制度」には注目する。この場は学生相互の思想のコミュニケーションを通して新しい思想を産み出す刺戟を与える。このようにしてリーダーが育つ。河合は英国理想主義運動は以下の三段階を経て発展してきたという。第一段階はジョン・コレットがイタリアから帰り、オックスフォードにパウロの福音書に関する講義を開始したことである。これが英国文芸復興の先駆であったとかれは指摘する。第二段階はジョン・ウェスレーを中心とする四人の学生がオックスフォードのリンコルン・カレッジ等においてギリシア聖書を読む会を組織しさらに監獄や病人を訪問し、説教した。これがメソジスト教会の起源である。これらの努力は英国宗教界に活気を与え、キリスト教会の改革に貢献したとされる。時代は一八世紀の中葉である。第三段階はH・ニューマンのオックスフォード運動である。この運動は一八三三年に起こり、青年学生に信仰を覚醒する大きな力をもっていたといわれる。プセー、キーブル、フルード、ニューマンらはローマ教会に接近し、教会の権威を説く。これに対してマーク・パチソンやベンジャミン・ジョウエットはニューマン一派から見れば異端であると見られた。ジョウェットは自由主義的な広協会派に属するとされる。これらの動向がグリーンやE・ケアドの英国理想主義運動の背景にあった。

河合は第四章の第三節において英国理想主義を推進した人々を以下の三グループに分ける。第一グループはグリーン、E・ケアド、F・H・ブラッドリ、ネットルシップ、ウィリアム・ワレース、J・ケアドである。これらの人々の中で、グリーンはヒュームの経験主義を批判し、英国理想主義への道を開拓した哲学者である。河合はグリーンが「ヒュームの『人性論』の道徳部分への序論」に対する批判の結論を次のように紹介する。「年齢二十五歳未満の英国青年は、時代錯誤の学説を抛《なげう》って、カント・ヘーゲルを繙《ひもと》かざるべからずと叫んで、第二の序文の最後を結んだ。此の序文はヒュームにより代表される経験主義に対する理想主義の挑戦である。之が理想主義檯頭の第一歩である。故に人は第二の序文の書かれた千八百七十五年を以て英国理想主義運動始まれりと云う。(3)」

二　グリーンの思想体系と永遠意識

第六章の「グリーンの思想体系と学風」の第二節「思想構造」はかれの思想体系を理解する上において大切な章である。河合はグリーンの思想構造を本体論、認識論、欲望論、道徳哲学、社会哲学、社会思想の六つに分類する。かれは本体論を形而上学と宗教論とに分けて検討する。かれは宗教論を第十一章において別個に検討する。河合は以上の六段階を第六章第三節「思想系統」の中で一覧表にまとめ、それぞれの内容項目を示し、全体像を明らかにする。この思想構造の理解を最も困難にし、かつ必ずしも十分に明らかにしたとはいえない部分は「本体論」であった。これは形而上学と宗教論とから構成され、グリーンの思想体系の基礎である。この点は第七章「グリーンの認識論」の根本問題であるので、注意して河合の説明を考える必要がある。

河合は宇宙の本体について三つの立場があることを指摘する。第一はロックなどの実在論である。彼は第七章の第二節から第三節において経験主義の実在論を検討する。その上で第二の立場が「関係」の実在を認める立場である。この立場は二種に分かれる。第一種は「関係の秩序」であってこれは自然とよばれる。第二種はカントの「物自体」(Ding-an-sich) である。第三の立場は悟性に似た統一原理を条件として単一の実在のみを認めるものである。グリーンの立場はこれであると河合はいう。河合はグリーンの立場を第六節において紹介される永遠意識の説明によって一層明らかにしようとする。グリーンは以下のように説明すると河合はいう。「永遠意識は、只々一切の智識の理想として、個々の智識の到達に作用して、憧憬の標的として、之を鞭撻し激励する。恰《あたか》も有機体に於てそれによって実現せられるべき目的と、此の目的を実現せんとする有機的なる身体との関係の如くである。[4]」河合のこの説明は部分的には正しいが、グリーンの真意を理解しているとはいえないように見える。原文ではグリーンは次のように述べているからである。

「われわれは、人が所有する知識のある断片を構成するあの事実の諸関係あるいは意識の諸対象はかれがその知識を達成するとき初めて存在し、かれが苦労して学習するプロセスを経験しあるいはかれが忘れたり、困惑したときには存在しなくなると想定することはできない。それらの諸関係は、これらに向かう個人の態度のすべての変化の間、かれが眠っていようと目を覚ましていようと、取り乱していようと注意していようと、永遠的宇宙 - 霊的宇宙あるいは意識の宇宙 - の一部として存在しなければならない。[5]」

河合は永遠意識を「智識の理想」として考え、あるいはそれがわれわれを「鞭達し激励する」ものとして未来的に考えるが、グリーンは永遠意識を「事実の諸関係」として現在の既に意識の事実として考える。それは昼夜を問わず、人が眠っていようと目覚めていようとに関係なく働く意識である。河合は永遠意識を知識の目標への接近ないし進化としてのみ理解し、今、どこでも意識の関係事実が存在することに気づいていない。グリーンは永遠意識を経験の諸過程において絶えず再現すると見る。グリーンはその例として呼吸や血液の流れをあげ、「経験の諸過程は呼吸のあるいは血液の循環が生命に関係しているようにその意識に関係している。」[(6)]という。永遠意識は生命にたとえられる。経験の諸過程は呼吸や血液の循環にたとえられる。このように考えるとき、生命は呼吸や血液の循環において自己再現していると見ることができよう。生命とは何であるかと問うとき、それは呼吸がどのような運動であるかを考えることによって答えられる。そうだとすれば、呼吸の運動は静かなリズムであると考えることができる。経験の連続的関係の第一段階が成立する。しかし、永遠意識はさらに、この関係事実に働きかけ、新しい経験と結合することによって自然の秩序を形成する。

以上の認識論は第六章「グリーンの欲望論」においても類似した傾向があると河合は指摘する。まず、欲望論においては行為の成立が主題である。行為の動機はいかにして成立するかが問われる。河合は以下のように要約する。「自我の満足（self-satisfaction）が、人を動かす単一の動機（motive）である。此の動機によって選ばれたる欲望は、彼れの全自我の要望を担うものである、之を真正の欲望（desire）を呼ぶべきである。而してかかる真正の欲望は、彼れの全自我の意欲せるものなるが故に、欲望と意志（will）とは二つにして一なる者である。欲望は行為として実現する。外に表われたのが行為（act）であり、之を内部的に見たものが欲望であり、意志である。グリーンは動機、欲望、意志、行為等の一列の観念にかかる定義を与えている。之に依れば通俗の所謂欲望とは、グリーンの所謂《いわゆる》欲望に至る以前に於て、その決定に至るまでの素材である。真正の欲望とは、かかる欲望の中より全自我が、その要素を傾倒したもののみを云うのである。芳し混雑を防ぐがため、素材たる欲望を欲望aと称し、グリーンの欲望と称するものを欲望bとするならば、欲望が幾多存在する際に於て、その中の一つが自我を満足するものとして選択され、欲望bとなって行為に実現する。
然し此の場合に欲望aの何《いず》れもがその在りし姿の儘に於て、欲望bとなるのではない。素材たる欲望aは、欲望bとなるがためには、全自我と渾然《こんぜん》として合致することを必要とし、それ故にそれは従来の姿を消失して、全て新しき形に於て欲望bとしてその姿を現わすのである。[7]」

河合はグリーンの欲望論を的確に理解している。かれはここで通俗の欲望論とグリーンの真正のそれとを比較し、後者が成立する条件として三点をあげる。第一点はいろいろと存在する欲望の中から一つの欲望を選択することである。第二点は自我を満足させることが選択の規準であるということである。第三点はこのようにして選択された行為は全自我と一致することである。ではこのような自我は永遠意識とどのような関係において考えられているであろうか。
河合はつぎのようにいう。

「永遠意識は唯一絶対なる者の本質である。唯一絶対なる者は動物的生活の過程に在るものの中に、ある種の自己再現 (a certain reproductin of itself) をなす。之が神的自我に対する人的自我即ち人間 (the human self or the man) である。かかる自我は認識の場合に於て統一原理として活動し、感覚のみで作りえざる認識を構成し、行為の場合に於て欠乏の感覚に触発されて、一度は欠乏させられたる対象の意識として、二度はかかる対象を実現することが自我を満足せしむるや否やの判断として活動し、遂に対象を獲得する行為を実現する。前者に於て自我は、感覚に触発されて対象の観念を提示したように、後者に於て自我は、その時に於て最大の善と思わるる自己のありうる状態、未だ達せられざるもやがて達せられるべき自己のよりよき状態を提示する。[8]」

河合は永遠意識が認識論および欲望論において感覚と欲望に自己再現しながら対象の観念の提示とよりよき自己の提示との相違を適切に指摘する。かれはこのような検討によってグリーンの立場が超越的理想主義にも自然主義にも属さない独自の人間観を構成したと主張する。

三　グリーンの道徳哲学と宗教論

『トーマス・ヒル・グリーンの思想体系』の第二巻の構成は次のとおりである。

第十章　　グリーンの道徳哲学
第十一章　グリーンの宗教論
第十二章　グリーンの社会哲学
第十三章　グリーンの社会思想
第十四章　グリーン以後の思想界
第十五章　グリーンの残した課題

河合はグリーンの思想体系の中で道徳哲学は最も重要な部分であるという。『学生に与う』の第一部の中の「教養」(一)、「教養」(二)において述べられる人格成長論はグリーンの道徳哲学を基礎としたかれの応用編であると見ることができる。この意味に河合がグリーンの道徳哲学をどう評価したかを再検討することは重要な課題である。河合は「グリーンの道徳哲学」の八「結論」の中でグリーンの道徳哲学の特異性を三点あげた後、グリーンに対する不満を四点あげている。以下これらの中から若干の問題を紹介し、コメントを試みてみたい。まず、特異性の第一はグリーンが欲望論に力点を置いたことであるとされる。功利主義は快楽主義を基礎として展開されたが、グリーンはそれを批判した上で、それを全面的に否定するのではなくて快楽主義に代わるべき理論に寄与したとし、河合はこの点を評価する。その理論はいうまでもなく自我実現の理論である。特異性の第二として河合は以下のようにいう。「グリーンの道徳哲学は性格の道徳哲学にして、行為の道徳哲学に非ざることに在る。凡そ道徳哲学に二種を区別することを得る。一は単に『何を為すべきか』(What should I do?) の道徳哲学であり、他は『何であるべきか』(What should I be?) の道徳哲学である。グリーンの道徳の対象は行為に非ずして、『心の状態即ち性格』(a state of mind or character) に在るとする。勿論『何であるべきか』の道徳哲学は当然に『何をなすべきか』を考慮する。然し『なにをなすべきか』の前に『何であるべきか』の問題を置き、行為の善悪を性格の善悪に帰属せしむることに両者の差異がある。[9]」

この中で河合はグリーンの道徳哲学を「性格の道徳哲学」と特色づける。これは間違いではないが、グリーンの『倫理学序説』の第二編のタイトルは「意志」である。かれは「強い性格」を「強い意志」と呼ぶ。いずれも偶然的欲望や衝動によって左右されるのではなくて意志によってより高い目的を実現する力であるとされる。この意味においてそれは「何をなすべきか」の行為を方向づける力として位置づけられる。第三の特異性は人格完成の理念が社会制度に実現し、特殊の義務を明らかにしたことである。河合はここで共通善と「私の地位とその諸義務」との関係を検討し、共通善が各人の置かれている社会的地位の諸義務の履行によって具体的に実現される道を明らかにすべきであったが、十分にこの点を説明しなかった。河合はグリーンの真の善が自己と他者とにとって共通であることを説明すべきであった。この点が検討されたならば、河合がグリーンに対する不満の第一は解決されていたであろうと考えられる。

河合はグリーンにおいて「理性が何故道徳的行為に於て活動するかが明白に説明されていない。」[10]と不満を示す。グリーンにおいては理性および意志の根拠は「神的原理」である。この原理は理性と意志とを通して実現する。この実現の目的は人間の完成である。グリーンにおいてはこの完成は理性と意志との統一である。理性は完成の観念であり、これを実現することにおいて自我が満足される。グリーンの神的原理の自己実現は人々の間におけるコミュニケーションを通して理性と意志との統一を可能にする。この統一は人間の生活が個人においても社会においても制限されているから完全には達成されないとグリーンはいう。人間の内には利己心や競争心が働くから神的原理の自己実現は妨げられる。しかし、グリーンは制限された範囲においても人々の間のコミュニケーションは可能であり、これを通して共通善は実現されると考える。その場が社会における「私の地位とその諸義務」である。

河合がグリーンに対する第二の不満はグリーンが悪について否定的に述べてはいないことに

ある。河合はグリーンがあげている自然的情念、怒り、野心等の自然的衝動を悪と考えるが、グリーンは悪として位置づけるのではなくて自我実現の原動力として肯定的に考える。自然的情念は自我実現の原理によってより高い関心の対象（公共の目的）と融合される。このようにして自然的衝動は合理化され、公共目的としての社会的善が実現されるとグリーンは考える。河合は自然的衝動を悪として固定的に考えるところにグリーンの衝動観との大きな相違点がある。グリーンは衝動を柔軟性においてとらえており、デューイの「衝動の調停」と似ている点がある。グリーンの道徳的行為論においては動機が重要視されるが、その動機は欲求、知性、意志の三者の協働によって決定される対象（目的）の観念によって形成される。それは結果を考慮に入れた動機である。結果とは公共の利益または不利益の意味である。こうした全体的視点から動機は形成されるとグリーンは考えるが、河合は道徳的行為の選択において意志の自律的決定を柔軟なバランス感覚によって考えない。そこには自由と責任との結合が見えない。

次に河合はグリーンの宗教論をどう理解したかについて瞥見したい。河合は神の啓示については十分説明していない。グリーンは神を超越的にとらえると共に内在的にもとらえる。グリーンは超越的神は神を求める人間の内に啓示されるとし、次のようにいう。

「あなたがたは神をあなたがたに関係している特定の事実を知るように神を知ることはできないのであって、あなたがたは自己自身をそのように知ることはできない。神の啓示は実在のあなたがたではなくて、神を求めてゆくあなたがた自身である。『神を別の世界や自然の深みの中に見出さんとして、汝自身の心の中で誰が天に昇るであろうか、誰が深みに落ち込むであろうかというなかれ。』『神の言葉は汝《なんじ》に非常に近い、汝の口や汝の心の中にさえある。』[11]」

河合は此の文章に注目していない。神は神を求める人々の心の中に啓示されるとグリーンはいう。人々の心とは理性である。神は理性とのコミュニケーションにおいて現われる。コミュニケーションとは祈りである。河合はグリーンの「祈り」に注目し、次の言葉を引用する。

「君達はいかに祈るべきかを知らざれども、御霊は云いがたき嘆きを以て君達のために執《と》り成《な》す。祈祷に対して外よりの答えを望むなかれ。祈祷がそれぞれ自身の答である、有徳の行為がそれ自身の報いであるが如くである。若し祈祷にして正しきものであるならば、既に行為の萌芽である。或いはより適当にいえば、祈祷は未だ外部的に実現せざる道徳的行為である。それは神の意識による欲望の決定であり、絶対法の概念を実現し、吾々の真正の職分を成就し、人道を発達せしめ、世界に神を演ずる努力として、道徳的に善なる生活を構成するあの過程に伴うものである。祈祷も生活もそれ自身以外の何ものもの手段ではない。各々が各々を可能ならしめる神的原理の表現或いは実現としてだけで、その価値を持つものである（同二七三頁）[12]。」

河合は祈りの本質（たとえば、「云いがたき嘆き」を伴う祈りとか、「外的に実現せざる道徳的行為」の意味）をどの程度理解していたか疑問が残る。河合はキリスト教の「活動的の生活」や「愛の生活」に関心を示しているにすぎず、その源泉である「祈り」に強い関心と理解を示しているように見えない。河合は第七節の「結論」においてグリーンの神は「一般に考えられる神とは実質に於て異なるものであり、神の実現が自我の実現であり、それが道徳の理想」であるとして理解を示している。河合はグリーンの自我を三種に分けた後、「第三の理想の自我を意識せしめて、第二の自我たらしめるものは何かと云う問題」が残るという。河合が「神は永久に理性であり、神のコミュニケーション、神の啓示は理性である。[13]」を正しく理解していたならば、かれの疑問は解消されたであろうと考えられる。

註

(1) 『河合栄治郎全集』第一巻、三九－四〇頁。
(2) 同書　八九頁。
(3) 同書　一一二頁。
(4) 同書　二九四頁。
(5) T.H.Green, *Prolegomena to Ethics*, 4th Edition, The Clarendon Press, 1899, P.83.
(6) Ibid., P.88
(7) 『河合栄治郎全集』第一巻、三三〇頁。
(8) 同書　三五六頁。
(9) 『河合栄治郎全集』第二巻　八三頁。
(10) 同書　八五頁。
(11) *Collected Works of T.H.Grenn* Volume3, Edited and Introduced by Peter Nicholson,

Thoemmes Perss, 1997, P.272.

⑿『河合栄治郎全集』第一巻、二四九頁。

⒀ *Collected Works of T.H. Green* Volume3, P.239.

四　グリーンの社会哲学と社会思想

河合は第一二章「グリーンの社会哲学」を法律、権利、国家の三節に分けて説明する。これらのすべてにおいて一貫する原理は「公共の善」（共通善）である。まず、河合は「法律とは法規によって今現に強制せられ、若《も》しくはやがて強制せられるべき権利と義務の体系を云う。」と定義する。河合は法律と道徳との差異に注目し、以下のように説明する。「道徳に特異の点は、善それ自体のために善をなすと云う心的態度を含むことに在る。単に外的に表われた行為が何たるかに止《とど》まらずして、之に対する内面的要件を高調する点に、その特異性がある。然るに法律は結局に於て、刑罰の脅威を以てある行為を為すを命じ、ある行為を為さざらしむるよう禁止するのである。その企図する所は、刑罰に対する恐怖と云う利己心に訴えて、命令の実行を強制せんとするに在る。道徳の期する所が善それ自体のためであり、利己的動機により動くなと云うに在るならば、法律と道徳とは期する所に於て正反対のものと云わねばならない。[1]」河合はグリーンの『政治義務の原理』の中の関係部分をこのように理解し、要約する。

次に、河合は権利を定義し、「法律により強制せらるる力は即ち権利である。権利とは社会によって与えられたるある種の力を持つべき個人の要請及び個人に対してある種の力を行使すべき社会の反対要請（counter-claim）である。[2]」という。この要請は「道徳的存在者としての人間の責務の遂行に必要であるがためである」とされる。河合はグリーンの権利論の根拠が公共の善にあることに注目し、次のようにいう。

「若《も》し各人が互いに排他独占的であるならば、之に力を認むることは、社会としては混乱無秩序を生じ各個人としては自己に対する争闘奪掠を促進することになる。然し各人は公共の善なる理念を有し、各人の自己の完成は、愈々《いよいよ》公共の善に対する熱心を強め、互いに得る所あるも毫も失う所ないのである。社会で個人に力を与え、各人が相互に此の力を認むるは、かくして他人の自我の完成に至大の関心を抱くからである。[3]」

グリーンは権利は公共の善を実現する手段であると考える。各人はそれを通して自我の完成に互いに貢献する。この意味において権利の所有は自我の完成への必要な条件であると河合はいう。国家はこの条件を保障するとグリーンは考え、河合はグリーンの国家論を紹介する。国家論を貫く基本原理は公共の善である。河合はこの理念を明確にするために四つの疑問を提示し、グリーンをしてこれに答えしめる方法をとる。

第一の問題は政治的服従は強制が伴うので、自律性に基づく道徳とは両立しないと考えられるが、グリーンによれば両者は共通すると河合は理解する。政治的服従は外部からの強制のように見えても、実際には内なる理性の声によって動いているとし、道徳と趣きを同じくすると河合は解釈する。第二の問題は征服国の主権は強制の色彩が濃厚であるので被征服国の一般意志を代表していないのではないかということである。これに対して征服国の主権は租税の収納や軍隊の補充に限られており、被征服国の人民の権利は保持され、一般意志を代表する慣習や法律には強制は及んでいないとし、ローマ帝国が広大な地域を支配したが、ローマ法は被征服国の権利を保持していたとグリーンが指摘した点に河合は注目する。第三の問題は一般民衆は公共の善の意識が低いのではないかということである。河合はこの点についてグリーンの説明を以下のように要約する。「然し彼等が週末に賃銀を受け取り、店頭に於て買物をし、他人の自由を侵害せざる立場に於て、彼等は無意識に慣習的に又本能的に、自己の要請が他人に同様な要請を認むることに条件付けられていることを感じている。即ちこれ彼が自己と他人とに共通の善あることを認めていることである。公共の善を実現する法律に遵《したが》うことによって、彼は自ら知らざる裡《うち》に此の理念に動いているのである。(4)」第四の問題は国家の成立や維持に努力した具体的人物の場合、彼自身の利己心や彼れの属する階級の利益のために動いていたのではないか、彼は純粋に公共の善によって動いていたかという問題である。グリーンはナポレオンが利己心をフランスの偉大さと同一視することによって公共の善(被圧迫民族の解放およびナポレオン法典の完成)を達成した例に注目し、河合はグリーンの次の文章を引用する。

論者の所謂利己的動機なるものに就いて、若し吾々が国家の成立に際しての、その事実の意義を理解せんと思うならば、一般の自然的勢力と同じように、これを単に抽象的に考えてはならない。一方に社会的善に対する純粋の欲求が、毫も利己的動機に悩まさることなしに、人事に於て働くことのないと同じように、又他方に於て吾々の利己的動機と呼ぶものが、社会的善に対する無意識の符合より来る指示なしに、独り働くものではないのである。[5]

グリーンのこの理論は「自我実現の原理」とよばれる。コリン・タイラー教授は右の理論を「昇華（純化）」（sublimation）とよぶ。[6]次に、「グリーンの社会思想」（第一三章）は、河合も指摘するように「グリーンの社会哲学」と重複する部分を含んでいる。従って「グリーンの社会思想」は「グリーンの社会哲学」と不可分である。河合はグリーンの社会思想を検討することはベンサムからJ・S・ミルに至る自由放任主義の問題を再検討することであるという。そしてこの問題を検討することは自由放任主義の下層構造を再検討することであるという。この検討は、河合によれば、経験主義の欠陥を明らかにすることである。このような問題意識からベンサムからミルに至る功利主義の矛盾が指摘される。河合はミルがベンサムの自由主義の下層構造から脱却したことを評価した後、次のようにミルの『自由論』の矛盾と課題とについて述べる。

「之を要するに『自由論』は時代の要望に副いえたるが如くにして、実はそれは錯覚に過ぎなかった。『自由論』のある部分は依然として課題の解決として不充分であった。ある部分は着眼は敬服すべきものがあった。然しそれは彼れの全思想体系の矛盾においてのみ為された。彼にしてベンサムの経験主義よりの制約を脱却せざる限り、遂に自由主義の課題を解決するをえなかった。此処に於て往くべき路は、ベンサムの経験主義に復帰するか、進んで理想主義の新路を開拓するかに在った。その何れにも往きえざりし所に、彼れの過渡的思想家たりし苦悩が存在する。若しミルの如く半途に彷徨することが許されないとするならば、而して理想主義に進むことが不可能だとするならば、再びベンサムに立ち戻るの外はない。然しベンサムの自由放任主義に復帰することは、社会事情の変化が許さないだけではない。若しミルの自由論が現われざりし以前であったならば、不満は単に自由放任主義と云う社会思想に対してのみ起こったであろう。然し『自由論』の現われるに及んで、不満は更により根本的なる方面に在ることが自覚された。若し依然として経験主義の下層構造を操るならば、単に自由主義の動向が不可能なるのみではない、自由主義たると社会主義たるとを問わず、凡そ一個の社会思想の構成が、根柢より崩壊することが見出されるに至ったのである。[7]」

河合はミルをこのように批判した後、グリーンの自由主義を再評価する。河合は国家の目的は二つあるという。その一つはっ国家の成員が人格の成長をなすことができるようにその条件を整備することである。もう一つは人格の成長を妨げる「障害」を除去することである。グリーンは「自由的立法と契約の自由」(一八八〇)の講演の中で「制限又は強制からの自由」と「共通善への貢献のためにすべての人々の力を平等に解放すること」とをあげ、後者を「積極的意味における自由」と呼ぶ。ここで確認しておくべきことは「共通善」(「公共の善」)とは何であるかということである。先の講演の中ではグリーンは共通善を「すべての人の諸能力のあの平等な発展」と考えた。グリーンはこれを「共通の利益」ともよぶ。自由はこの目的へ貢献する手段である。従ってある人の自由(能力の実現)は他の人のそれに干渉したり、他の人の自由を妨げないことが条件である。河合は国家の目的を人格の成長と考えた。自由はこの成長の手段である。では河合は人格の成長をグリーンの「すべての人の諸能力のあの平等な発展」と考えたのであろうか。改めて考えるべきことは「共通善」とは何であろうかということである。河合の「人格の成長」はグリーンの「人間の完成」、「一つの調和的意志」と同じ意味をもつと考えられる。こう考えると、河合の「人格の成長」は社会思想における自由の目的であり、自由は人格の成長に貢献する手段であることを改めて確認することができる。

註

(1) 『河合栄治郎全集』第二巻、二七一頁。
(2) 同書 二七七頁。
(3) 同書 二七八頁。
(4) 同書 二九二頁。
(5) 同書 二九三頁。 *Collected Works of T. H. Green*, Volume2, Edited and Introduced by Peter Nicholson, Thoemmes Press, 1997, P.439.
(6) 二〇一七年七月一五日、共立女子大学で開催された「日英国際交流理想主義ワークショップ」における、タイラー教授の 'T. H. Green and the Development of Japanese Liberalism.' を参照。
(7) 『河合栄治郎全集』第二巻、三三九 - 三四〇頁。

第三章　河合栄治郎の思想体系と『学生に与う』

一　河合栄次郎の理想主義と『学生に与う』の成立

河合の『トーマス・ヒル・グリーン思想体系』（昭和五年）が刊行されてから『学生に与う』（昭和一五年）まで一〇年が経過したが、その間二・二六事件（昭和一一年）、日中戦争（昭和一二年）が起こり、日本は次第に戦時体制に進みつつあった。昭和一五（一九四〇）年九月には「日独伊三国盟」がベルリンで調印され、同年一一月一〇日には「紀元二六〇〇年記念式典」が皇居前で挙行された。全国の小学校ではこれを祝う歌が合唱された。それは青少年に日本の前途に明るい希望と高揚感を躍動させた。『学生に与う』はこのような政治状況下において刊行された。その読者は主として旧制高等学校の生徒であったが、大学生を含む多くの学生に感動を与えるものであった。河合は学生に期待するものがあった。河合は『学生に与う』の「はしがき」の中で「学生諸君、私は祖国の精神的弛緩に直面して、何者かに訴えずにはいられない本能を感じる、だが諸君に訴えずして何に訴えるものがあろう。」といった後、「将来の日本は泡立つ浅瀬の中からは生まれない。物凄《ものすご》いほど静かに澄んだ深淵の底からのみ生まれてくる。それらは永い歳月を俟たねばならないのである。だがわれわれの祖国のためにこれは俟つに値する。諸君が成育して日本を指導する時は、少なくとも今から三十年はかかるだろう。だがこの使命は学生諸君を措いて、他にこれを担うべきものが見出されない。」と訴える。

このような愛国心と使命感とによって「二十日間毎日十七時間」机に向かって「一気呵成」に本書を書きおろしたといわれる。河合は『学生に与う』を将来改訂し、「理想主義体系」（数巻）を計画していたという。『学生に与う』は河合栄治郎の思想体系のよき入門書であると共に『トーマス・ヒル・グリーンの思想体系』へのガイドブックであると位置づけることができる。

周知のように、『学生に与う』の第一部は「社会における学生の地位、教育、学校、教養（一）、教養（二）、学問、哲学、科学、歴史、芸術、道徳、宗教」の一二項目の柱から構成されている。これらの柱は『トーマス・ヒル・グリーンの思想体系』の中の「グリーンの認識論」、「グリーンの欲望論」、「グリーンの観たる『自由』の概念」、「グリーンの道徳哲学」、「グリーンの宗教論」、「グリーンの社会哲学」、「グリーンの社会思想」、を基礎として組織されたものであることは容易に理解できる。河合はこれらの理論について自己の体験を適宜加えることによってわかりやすく理解できるように配慮をしている。『学生に与う』の中で特に理解が困難であろう項目は「教養（一）」と「教養（二）」とであろうと思われる。しかし、これら二つの項目は第一部「価値あるもの」および第二部「私たちの生き方」の基礎理論をなすものであるからこれらを理解することは本書全体を体系的に理解するためには最も大切な序論である。

その中のキーワードは「人格の実現」、「人格成長」「理想の自我」、「現実の自我」である。これらはグリーンの思想体系の根幹をなすキーワードである。

グリーンは理想の自我（人格の完成）、共通善（「公共の善」）、自然的衝動の三者の関係を自我実現の理論によって統一的に説明したが、河合は理想の自我と現実の自我とを対比して論ずるに終始し、後者がいかにして前者に向かって自己実現するかについて十分な説明をしていない。理想の自我と現実の自我との間にはギャップがある。グリーンは自然的衝動を公共の善の観念と結びつけ、この衝動を公共善を実現する原動力に転換することによってそのギャップを克服しようとする。河合はグリーンの自我実現論を正しく理解しなかったために、このギャップを克服することに成功するに至らなかった。河合が二元論者であったと見られるのは、後に指摘されるように、カント寄りにグリーンを解釈したためであったからである。河合は「成長した極限すなわち人格は、いかなるものであろうか。これを在るがごとくに具体的に描写することはできない、なぜなれば具体的に述べることは、既に実現されていることを予想することである。実現されているならば、既に理想ではない。しかして人格とは自我の理想である。[1]」という。

河合は人格は「自我の理想」であり、これを「具体的に描写することはできない」という。そうだとすれば、人格は遠い彼岸の理想であるにすぎない。しかし、人格は現実の自我において極めて不完全な形式においてすでに実現されていると見るべきであろう。ただ本人はこれを自覚していないだけであり、公平な第三者が観察するならば、人格の萌芽がすでに現れていると見るべきである。これを足掛かりとして各人は人格の実現に向かって第一歩を踏み出しているると見るべきであろう。グリーンは理想の目的（人間の完成、無限の精神への態度）は遠方の彼岸において考えられるべきではなくて、現在の段階と結びついているという。究極目的は献身的行為（社会の成員のコミュニケーションによる相互的奉仕）の中にすでにある程度達成されているとグリーンはいう。それは完全には実現されていないが、ある程度達成されており、この達成は絶えず進歩的過程の途上にあるとグリーンはいう。何がこの進歩的自己完成を可能にするのであろうか。グリーンはそれは無限の精神の絶えざる働きに対する畏敬と謙遜の態度であると言う。河合はこの点には注目していない。

二　人格、理想の自我、現実の自我

河合はこれらの三者の関係をどのように考えたかを確かめる必要がある。人格とは「真善美の調和した主体」である。この意味において人格は理想の自我である。真善美の調和は現実の自我にとっては理想である。現実の自我は知識を獲得し、善を追求し、美を鑑賞する。これらの活動は必ずしも調和していない。知識をもっている人が善の行動を実践しないこともある。悪や不正を知っていても人はこれらに誘惑され、結果において他人を傷つけ、自己矛盾に陥る場合がある。かくして知識と善行とをいかにして統一するかという問題が起こる。美は日常生活においてはあまり経験されないように見えるが、人間は美を表現しようとする欲求があり、創作したものに対して美を鑑賞し、心を豊かにする欲求がある。男女の関係も無意識的ではあっても、そこに美を求める欲求が働いていると見ることができる。そこには知性も作用するが、判断を誤れば、不幸をもたらすこともある。かくして真善美の調和が求められる。この調和は理想の自我、すなわち人格において完全に表現されると河合はいう。そしてこれを最高善とよぶ。

河合は『学生に与う』の「教養」（二）の中でJ・S・ミルの『自由論』の第三章の以下の文章を引用する。「永遠不易の理性の命ずる目的は、各人の能力をして完全無欠の一体として最も高度にしてまた最も円満なる発達をなさしめるに在《あ》る。(2)」河合がミルのこの文章に注目するのは、教養の意味がこれまで知識的、道徳的、芸術的活動の一部分であると考えられてきたことに対する批判があったからである。河合はこれらの活動の源泉は理性であり、理性の命令は真善美を追究する活動を「最も円満なる発達」にすることであると理解する。今まで教養は真善美の一部分の活動であると考えられてきたが、これは教養についての誤解であるとかれはいう。河合は「自己の人格を陶冶《とうや》すること」が教養であると主張する。かれは教養を「全自我の成長」ともよぶ。この意味は真、善、美を追求する活動が全自我の統一的要求から発する自己実現の成長である。これとの関連において河合が注目した点は物件を「人格成長の手段」であると位置づけたことである。物件は最高価値ではないとされる。

21世紀の現代においてこの点が再検討されてよいのは、学歴や知識を第一に考え、善や正義への認識が低いのみならず、知識と道徳とが不可分であることの意味が認識されていないからである。物質的条件を第一に考えるあまり、善や正義の価値が物質的条件の満足に先行する位置にあるものとして十分自覚されていない現実があるからである。職業選択や仕事において知識や技術が何のために意味を持つかという根本問題が深く考えられていない傾向が見える。この意味において河合が主張する「人生観の学」が再評価されなければならない今日的理由は十分ある。かれはこの観点から人格の成長のためには何をなすべきであるかという問題を提起す。基本的に大切なことは成長は「われわれ自身がなさねばならない」ことである。その基礎は自立にある。換言すれば、自己決定によって自己の生き方を決定することが第一の条件であるということである。この条件に基づいて、先人の書物、教師、親、友人は成長を助ける契機であると河合はいう。人格の成長にこうした援助が役立つためには、その前提条件として各人がどのような問題意識をもっているか、どのような条件ないし環境のもとに置かれているかを知る必要がある。河合はこれらを「内的経験」と「外的経験」とに分け、以下のようにいう。「内的経験」とは「功名心の強いこと、優越心の盛んなこと、金銭の貪欲なこと、色欲の強いこと、または怠慢であること、薄志弱行であること等」である。これらを理想の命令とどう調和し、どう克服するかが人格の成長の課題である。「外的経験」とは「貧困であること、身体が虚弱であること、親の死、友の死、恋人の死、社会から非難攻撃されること、生命の危険に瀕すること、あるいは反対に富裕であること、立身出世すること、世人から拍手喝采されること」である。これらの経験は成長にプラスにもなればマイナスにもなる。成長への第一歩を踏み出すためには自己判断が求められる。河合は中学校時代、一高時代、東大時代において優れた師や友人・書物に出会う幸運に恵まれており、「人生の危機」に直面した経験はなかったように見える。かれがこした危機に直面したと考えられる経験は大正八（一九一九）年一一月、農商務省を辞任する決断をしたときであっただろうと考えられる。河合は元来我意の強い性格であり、優秀であったとはいえ、この辞任は将来を考えるとき、一大決心を要する人生の岐路であったに違いない。河合はこのとき二八歳であり、長女は一歳であったといわれる。河合は学問においてのみならず、行政能力にも優れていたから、再就職に不安はなかったと見える。河合の母は農商務省の辞任には反対であったといわれるが、かれはアメリカ出張の諸経験の中でスロニムスキー教授との対談によってグリーンの『政治的義務の原理』を紹介され、労働問題の解決のためには人格の成長の視点から解決の理論を構築することが急務であると考えた。そしてかれは大正九（一九二〇）年六月東京帝国大学経済学部助教授に任ぜられた。

三　全自我の成長は人生においていかにして可能か

全自我の成長は人生において直面する諸経験によって全自我が総動員されることによって可能であると河合は考え、以下のようにいう。「経験は内外よりこれに対応すべき自我の力を触発する、この力はたたかれずんば永久にひそんだであろう、しかし触発するものがきた時に、これに対処すべく全自我を総動員する、かくしてわれわれは成長するのである。[3]」河合は経験が教える「人生の苦悶難関」（ミル）に共感し、「わが国でも『艱難汝を玉にす』といわれ、また『憂きことの尚この上に積もれかし』と歌われている、いずれも人格成長における経験の祝福である。あらゆるものを奪われた天涯《てんがい》の孤客も、彼自身の成長だけは奪われることができない、否、孤客であることそのことが、さらに彼を成長せしめるのである。[4]」という。

河合は人格の成長は人生の苦難、苦悩、孤独の中から「全自我」の反動として「理想の自我」（人格）に向かって進む力を与えられるという。問題は「全自我」とは何かということである。河合はこれを「知識的、道徳的、芸術的活動」を調和する主体と考える。それは心身が一体となって欲求、知性、意志を統一する自己意識であると解釈することができる。人間性のこれらの根底に自然的衝動や感情がある。これらが不統一でばらばらに作用するならば、人生の苦難、外部からの圧力、世間の非難に対抗することはできない。これらの衝動は理性によってより高い目的に向かって「純化」（昇華）され、合理化されなければならない。グリーンはこれを「自我実現」とよぶ。河合は自我の成長をグリーンの自我実現の線上において考えたが自然的衝動にはほとんど注目することはなく、理性の命令する知識的、道徳的、芸術的活動の調和の方向に理想の自我（人格）を求めた。河合が再検討すべきであったことは自然的衝動と理性との関係である。自我の成長の原点は少年時代から二〇歳前後にすでに発見されるが、河合の少年時代から二〇歳ごろまでの成長過程は、家庭環境、小学校時代、中学校時代、高等学校時代、大学時代を通して恵まれていた。彼は俊秀であったから、親や教師との人間関係に心の葛藤はあったようには見えない。河合の生涯において大きな心の葛藤があったと想像されるのは、農商務省を辞任するに至る、上司との人間関係においてであった。この経験が自我の成長の最大の転機であったと見える。東大休職後の河合の環境も「四面楚歌」であったから、心の葛藤は常に意識されていたに違いない。

河合は以上の経験から人格の成長とは何かについて深く考えたと見ることができる。かれは「成長した極限すなわち人格」を東洋的な「君子」とは考えない。敵もいない、温厚な人を「人格」とは考えない。河合は「人格とは真・善・美を調和し統一した主体であるから、これが最高価値、理想である。(5)」という。これに近いものとして「善人」をあげる。そして「善人」とは「偉い人」(great man)である。河合はこのような人について以下のように説明する。「単なる学者を偉い人とも思わず、単なる芸術家を偉大な人だとは思わない。もとより単に功業を立てた政治家や、善良な農夫を偉人だとは考えない。学問や芸術や道徳の背後に、これらを統一した『人』を考えて、これによって偉大さを決定する(6)」とかれはいう。その基準は「真・善・美を調和し統一した主体」である。これらが具体的にどのようにして統一されるかについては河合は積極的に答えていない。「偉人」とか「善人」は「君子」と同一視される人間ではないとし、以下のようにいう。「私のいう善人とは温厚な有徳の君子をいうのではないかと。これもまさに反対である。もし温厚な君子ということが、なすべからざることはなさないが、なすべきもなさない消極的退嬰的な人を意味するならば、彼は決して善き人ではない。またもし有徳の君子になることが、世上のいわゆる伝統的の道徳に一意専心これ従う低のことであるならば、これもまた、われわれの与するところではない。世に往々にして鞠躬如として過ちこれなからんことを期して止まないものがある。過ちはこれによってまぬがれるかもしれない、しかしその高価な代償として、人それ自身は小さく弱く萎縮するならば、かえって善に遠ざかることである。ゲーテのいうがごとく、『人は努力すればするほど過ちに陥る』。飛ぶ鳥は落ちるが飛ばざる鳥は落ちない。過ちのないことを求めるならば、何事をもなさないに限る、その代わりに人格の成長は停止する。[7]」

河合の人格成長論において大きな根本問題は、かれが一高在学時代新渡戸稲造校長から〝to do〟よりも〝to be〟が大切であることを教えられ、理想主義の根本はここにあると信じたことであった。この点から右の文章を読むとき、かれが理想とする善人は積極的に行動する人間であると描かれている。すなわち〝to do〟の方が〝to be〟よりも高く評価される。この見方は河合の思想においては矛盾であるが、かれはこの点をどう考えていたのであろうか。さらに疑問となる点は、理想の自我（人格）の成長に向かって努力すること、すなわち現実の自我を理想の自我に向かって自己を激励し、奮起させることは理性によって可能であるかということである。人格の成長は理性の要請であるとしても、これは抽象論ではないか。理性は人格の成長を命令したとしても、現実の人間に訴えることができるかという問題である。河合の人格成長論は観念論的響きしか聞こえないのではないだろうか。かれはこの点について次のように答える。

「現実の自我は人格たるべく成長せねばならないから、各人が人格と成り終われる究極の場合を想像すれば、ただ一つに帰するであろう。しかもこれは究極の理念であって、われわれの成長とは究極の理念に向かう『永遠の進歩』（progress ad infinitum）である。この儚さが人をして現に実在する人格を構成せしめる、それが神である。しかし神ならずしてこの過程にある現実の自我は、それぞれ特殊性を有するとすれば、自我の成長において特殊性をいかに取り扱ったらよいかの答えは特殊において人格への成長を努力することである。…普遍が特殊的に表現していることであって、特殊的なるもの相互は、特殊であってしかも普遍に結ばれているのであり、特殊とはただ普遍の表現の仕方が異なることをいうにすぎない。(8)」

これは人格の成長を説得する理論的説明になっていない。人格の成長は究極の理念に向かう「永遠の進歩」である。この儚さがなぜ「現に実在する人格を構成する」のか。神と人間とはどのような関係にあるのか、全く説明がなされていない。次に、特殊が普遍と結ばれるのか。河合は何も説明していない。普遍とは先の文章から考えれば、論理的には神である。特殊とは現実の自我である。こう理解するとき、神がなぜ現実の自我と結びつくのであるか、現実の自我はなぜ神の表現であるのか。河合はこれらの問題に全く答えていない。これらが答えられない限り、「特殊において人格への成長を努力することである」と答えられても、普遍と特殊、神と現実の自我とを結合する媒介がない限り、人格の成長への足がかりを得ることはできない。河合がグリーンの宗教論を充分理解していたならば以上の諸問題は容易に答えられたはずである。なぜかといえばグリーンは神を超越神としてとらえただけでなく、人間に内在するものとして考えたからである。外なる神は啓示によって内なる神に伝えられる。この媒介者は理性である。外なる神は理性を通して内なる神とコミュニケーションをとる。この相互作用によって神は人間の世界に顕現される。グリーンが永遠意識は動物的有機体の機能を通して自己再現するというのも、神がわれわれ人間の感覚や衝動を媒介として部分的に、従って不完全な形式において顕現すると考えられているからである。河合はグリーンの宗教論や形而上学の理解が不十分であったといわざるを得ない。

註

(1) 河合栄治郎『学生に与う』現代教養文庫、社会思想社、一九九七年、新版第一刷、七三頁

(2) 同書　六七頁。

(3) 同書　七二頁。

(4) 同書　七三頁。

(5) 同書　六三頁。

(6) 同書　七三－七四頁。

(7) 同書　七四頁。

(8) 同書　七六－七七頁。

第四章　河合栄治郎に影響を与えた三人の思想家と人格の成長

一　カントの河合栄治郎への影響と補完の問題

河合がカントから影響を受けた思想は二つある。その一つは人間が人格性を有することである。かれはカントの「なるほど人間は非神聖なものではあるが、しかし彼の中にある人そのものは神聖でなければならない」という言葉に注目する。これは人間が「人格性」を有することを表現していると河合はいう。現実の人間はこの人格性を有するがために尊敬を感じ、これが「自敬」であるという。この感情があるから人間は「矜持《きょうじ》」の念が湧くという。河合がカントから影響を受けたもう一つは「定言命法」である。かれは以下のように説明する。「カントが各人は『常に目的として扱われなければならない』といいながら、必ずしもけっして手段とすべからずとはいわないで、『単に手段として扱うべからず』といって、手段として扱われることのあるのを認めているのは、各人が互いに補完の役目を為す場合には、彼は私の手段となり、私は彼の手段たらざるをえないからである。[1]」

問題は「補完」とは何を意味するかということである。カントが人間は人格性への尊敬の念をもっていることを河合は認めながらなぜ人間を手段として互いに扱うことに注目したかということである。補完はカントの人格性と矛盾しないかということである。『学生に与う』の第二部の二一「友情」、二二「恋愛」の中では「補完」は次のように説明されている。

「友と友は二にして一でありながら一にして二である。ここに友の妙味があるのだが、二にして一なる友は、一にして二なるに耐えずして、すべてにおいて一ならんとあせる、なぜなれば『愛は惜しみなく奪う』ものだからである。ところが二にして一ではあるが、また一にして二である友は、己れの全自我をあげて友に没することはできない。なぜなれば互いに独立であればこそ補完が可能であるのに、一方が他方に没我することができれば補完は不可能である。かくて友は友であるがためには二たることを必要としながら、また友であるがために一ならんとする、ここに主我と没我とが交錯する。一方が他方の没我を求めて、他方がそれを拒む時、友は別れにくることがある。[2]」

友情における「補完」の位置づけは以上によって理解することができる。「補完」は双方が独立した状態において可能であるといわれるが、なぜ補完が求められるのであろうか。補完とは何か。河合は「補完（ergänzen）とは充全を期するがために、欠けたるを与える意味である」と述べた後、それを二つに分けて与えることができるという。[3] 一つは「自我そのものをもって、彼の自我を補完する場合」であり、もう一つは「自我の所産をもって補完なす」場合である。前者の場合、補完する自我と補完される自我とが考えられている。なぜ自我が補完されるか。それは自我に欠落した部分があるからである。ではこれを補完する自我とは何であろうか。それは人格性への尊敬と人格の成長をなしつつあるものへの愛とに基礎を置くと河合は説明する。補完はカントの人格性への尊敬の線上に位置づけられていることを認めることができる。次に「自我の所産をもって補完する」対象は一般の人々又は同胞である。「所産」とは各人の職業上の仕事の意味である。これらは人格の成長への手段である。河合が「自我そのものをもって彼の自我を補完する」という場合、念頭にある対象は夫婦、親子、師弟、友人、恋人である。理解でき難い点は人格性は理性に基づく人間の独立性の意味であると理解するとき、なぜ補完が必要であるかということである。補完の役目とは、河合のカント理解によれば「彼は私の手段となり、私は彼の手段たらざるを得ない」とされる。手段という考えは人格性への尊敬の念と一致するか。河合は補完とは他人の人格の成長のために条件を提供することだという。人格の成長は各自が自分でなし得るが、他人の人格の成長はその条件を提供する以外にはなすべき手段はないといわれる。社会生活はこれによって説明ができようが、友情や恋愛においては補完は没我を要求すると河合はいう。しかし友情において没我を求めることには限界がある。人間性の中には没我に対して自我への執着を求める主我がある。かくして友情における補完の難しさがある。同様なことは恋愛においてもいえる。河合はつぎのようにいう。

「恋するものの道はけっして平担ではない。英語の Love は leave（己れを捨てる）と語源的に同じだと聞いているが、愛することと己れを捨てることとが当然に連想されるほど、愛は没我を必要とするものである。否、必要とされる没我が喜び勇んでなされるところに、愛の愛たる所以《ゆえん》がある。たとえば他人を救うために、己れが犠牲となることは、義務としてなそうとも、喜び勇んでなすることでないかもしれない、ところが恋人のためには、己れを犠牲とすることが喜び満足してなされ、ある場合には進んで犠牲をうけようとさえする。こうした価値の転倒を当然に行なわしめるのは、愛の魔力であるが、最後には否定することのできない個が、ここでも首を抬《もた》げて、没我を拒み主我にこもろうとする。特殊愛のすべてに現われた、あの愛するものの我執である。ただ恋においてて現われる我執は、他の特殊愛におけるそれとは、やや異なる径路と姿において現われる。[4]」

二　J・S・ミルの河合栄治郎への影響と選択としての自由

ミルの『自由論』と『自伝』とは河合の思想形成上大きな意味をもっていた。河合は『学生に与う』の第一部六「教養」(二)の中でミルの『自由論』の第三章に引用されている言葉を引用し、次のように述べる。

「英語の culture とは耕作することを意味して、現実の自我を耕作して人格たらしめることであり、ドイツ語の Bildung は形成・構成を意味するので、人格にまで形成・構成することである。ウィルヘルム・フォン・フンボルトはいう『人間の目的、すなわち漠然たる刹那の欲望によるに非ずして、永遠不易の理性の命ずる目的は、各人の能力をして完全無欠の一体として、最も高度にしてまた最も円満なる発達をなさしめるに在《あ》る』と。この言葉を引用したジョン・スチュアート・ミルは『自由論』の中でいう『およそ人の作れる物の内、これを完成し美化せんがためにこそ人生が費やさるべき物の内、その重要さにおいて最初にきたるべきものは、確かに人間彼自身である』と。さきに引用したフィヒテやナトルプが教育を定義した言葉は、これを他動詞から自動詞に変えるなら、そのままに教養の定義となる。すなわち『人間を彼自身たらしむること』であり、『人格を陶冶《とうや》すること』である。グリーンはこれを『自我を実現する』といい、また『人格または自我の成長』といった。(5)」

ミルは自由とは「個性の自由な発達」であると定義する。かれがこれを主張するのは慣習に単に服従することによっては個性は発展しないという。個性が発展するのは人間が諸能力を働かして選択の行為をすることであるとミルはいう。「知覚、判断、識別する感情、心的活動、さらに進んで道徳的選択に至る人間的諸機能は、自ら選択を行なうことによってのみ練磨されるのである。何事かをなすにあたって、慣習であるが故にこれをなすという人は、何らの選択を行なわない。このような人は、最も善きものを識別することにかけても、またそれを欲求することにかけても、全く訓練を得ることがない。知的および道徳的諸能力は、筋肉の力と同様に、使用することによってのみ改善されるのである。これらの諸能力は、単に他人がそれをなすからといって或ることをなすのでは、単に他人がそれを信ずるからといって或ることを信ずる場合と同じように、実際に働かされはしないのである。(6)」

ミルが主張する自由は人間が欲求する、いくつかの目的の中から一つの目的を自から選択し、この目的の観念を動機とすることによって行為の動機とすることを意味する。それは目的に対する手段の選択を意味する。目的の実現は結果をもたらすから、行為の結果に対するいくつかの予測を伴う。そしてこれらの結果を比較し、どのような行為がよりよい結果をもたらすかを比較した上でよりよい行為を判断することが道徳的選択である。これが自由である。ミルはそのためには諸能力を使用することによってこれらの能力を訓練する必要があるという。行為を選択することは伝統的慣習に盲目的に服従することではなくて、新しい行為を創造することである。河合栄治郎も自由をこのように考える。かれは自由な行為の創造は、すでに述べたように、三段階を経過するという。第一段階は現状の社会制度（慣習、道徳、法律等）への無批判的服従である。第二段階はそれらの制度への批判を通して制度を改善する段階である。第一段階は主観的段階であるのに対し、第二段階は客観的段階である。第三段階は主客の対立的二元的段階を止揚し、総合する判断の段階である。河合はこれを以下のように説明する。「第三の段階に於ては、ある意味に於ては曾ての時よりもより高き立場に於て肯定され是認され、その故に忠実なる制度の遵守者《じゅんしゅ》なりうると共に、ある意味に於ては制度は辛辣《しんらつ》なる批判と鋭利なる反対とを甘受せざるをえざるに至る。此処に於いて人は保守主義者たると共に急進主義者である。両刃の剣の如くに制度の味方たると共に制度の敵となる。若し制度の敵たる反面を恐怖して、人を自覚に駆ることを欲しないならば、それは人間の成長を枯死せしむるものであり、社会の進化を阻止し或いは否定する。[(7)]」

河合は自由を以上の三段階において説明するが、ミルは自由を慣習への批判を通して行動計画を立案し、その遂行のためにすべての能力を活用し、これらに基づいて行為を決断する性格とコントロールとが求められるという。「自分の生活の計画を（自ら選ばず）、世間または自分の属する世間の一部に選んでもらう者は、猿のような模倣の能力以外にはいかなる能力をも必要としない。自分の計画を自ら選択する者こそ、彼のすべての能力を活用するのである。彼は、見るためには観察力を、予知するためには推理力と判断力を、決断を下すに必要な材料を蒐集するためには活動力を、決断を下すためには識別力を使用し、またひとたび決断を下した場合には、その考え抜いた決断を固守するために毅然たる性格と自制心とを用いなくてはならない。そして、彼が彼自身の判断と感情とに従って決定する行為の部分が大きくなればなるほど、彼がこれらの能力を必要とし、またそれを実際に働かせることもまた大となるのである。[8]」

河合栄治郎がミルをベンサムからグリーンへの中間の「過渡的思想家」として位置づけたのは、ミルの思想の下層構造が快楽主義から理想主義へ向かっている傾向を示しているからであった。この観点から河合はミルを評価し、「グリーンの社会思想」の中で一一種類の自由について論評しているが、自由の本質ともいうべき「選択としての自由」にはふれていない。ミルが『自由論』の第三章の中であれほど強調し、重要視した自由は河合の思想体系の中ではどのように評価され、位置づけられているのであろうか。選択としての自由はミルやグリーンの下層構造を考えるとき、重要なテーマであると考えられるので、今後の検討課題である。

三　グリーンの人間完成と河合の人格の成長

河合栄治郎がグリーンから最も影響を受けた思想は「人間完成」である。グリーンはこれを「心又は性格の状態」(a state of mind or character) の完成とよび、又「人間的性格」(human character) の完成とよぶ。かれはこれらを単に「個人の完成」とよび、これは社会の完成でもあるという。いずれにせよ、グリーンの人間完成は自我実現の目標である。グリーンはこの完成は「神的観念に従って」成就されるものと考える。それは人間の諸能力の実現であるが、この実現が「神的観念に従って」なされる点が注目されるべきところである。この自己実現は人間の努力であるが、この努力の根拠が宗教的であるところが一般に考えられる自己実現と違う点である。

河合の人格の成長はグリーンの人間完成に見られるような宗教的基礎をもっていない。この違いは河合の人格の成長と現実の自我とのギャップとその克服を考えるとき、注目されるべき点である。河合の人格成長論における基本的問題は以下の点である。第一は人格の成長と現実の自我との間にはギャップがあることである。人格の成長はすでに見たように「永遠の進歩」の最高善である。これは現実の自我にとっては「儚《はかな》さ」である。それは遠き彼岸の理想であるから、現実の自我にとってはいつ到達できるか予想ができない永遠の目的である。それは憧憬の対象ではあろうが、いつ現実の自我を動かすかはわからない。問題は彼岸の遠い理想が現実の自我を動機づける足掛りは何であるかということである。人格の完成は現実の自我の目的となるようにいかにして接近してくるかということである。両者の密接不可分の関係はどう考えられるかということである。グリーンは永遠意識は人間の自然的諸衝動を媒介として人間に絶えず自己再現するという。人間はこの再現によって諸衝動を有機的にし、諸能力を実現する。これが人間完成の第一歩であるとグリーンは考える。永遠意識の自己再現は絶えざる働きかけであるから人間は五官を通してこの再現を受容することができる。河合が永遠意識の自己再現を主体的に理解していたならば、この論理を応用することによって人格の成長と現実の自我との接点を考えることができたであろうと考えられる。河合はこの接点を理性と考えた。しかし、理性は河合にとっては自然的諸衝動から離れ、抽象的に考えられたので、現実の自我を人格の成長に結びつけることに成功していない。

もし河合がグリーンの「自我実現の原理」を主体的に理解していたならば、人格の成長と現実の自我とを結合する論理を容易に発見することができたであろうと考えられる。河合は『トーマス・ヒル・グリーンの思想体系』の第一巻第九章および同第二巻第一〇章においてグリーンの「自我実現の原理」を次のように引用する。

「自我の此の種の満足に近づかんがために為さるべきことは、自我実現の原理がその任務を竿頭更に一歩を進むることとである。自我実現の原理は『自然の衝動』を征服せねばならない、然し此の征服は彼等の存在を消滅せしむる意味でもなければ、又彼等に対してその実現の対象を拒否する意味に於てでもない。唯彼のより高尚なる興味と彼等とを打って渾然たる一丸とする意味に於てである。之等高尚なる興味とは、何等かの形式を採って現われた人間完成をその対象とするものである。此の融合に近づくものをすべて善き人に吾々は見出し得る。その人たるや恋、怒り、誇り、野心と云うようなすべての自然的の感情が、ある偉大なる大義名分のために役立つべく備えられた特殊の人ばかりではない、かくの如き感情が、家族を教育すると云うが如きありふれた観念によって支配された人の場合に於ても、吾々は之を認め得るのである。」(9)

河合はこの理論についてほとんどコメントをしていない。グリーンが自我実現の原理を主張するに至ったのはカントの意志また自我の二元論に対する疑問があったからである。カントの二元論とは人間には二つの意志または自我があるという前提である。二つの意志または自我とは「純粋」意志または自我と「経験的」意志または自我である。純粋意志は人間の現実的諸欲求から独立し、その意志が立法者である普遍的法則の成就に向けられる。経験的意志は最も強い諸欲求によって決定され、これあるいはあの快楽に向けられる。グリーンによればカントは純粋意志と経験的意志とは「意志」という一つの用語の中に含まれているから、二つの意志の同一性を信じたと想定されなければならないが、かれはこれを説明していない。グリーンはこのようにカントを解釈する。[10] グリーンはこのような批判により意志は一つであるという確信から「自我実現の原理」を主張するが、河合はこの経緯と意義とについて全く説明していない。グリーンの「自我実現の原理」は一つの意志に基づいて展開される。自我の実現は先の引用文に示されているように自然的諸衝動がより高い目的と結合することによって合理的に発展するプロセスをたどる。諸衝動は意志の原動力であるが、それらはより高い目的と「融合」することによって単なる自然の盲目性を脱し、意味のある目的を実現する原動力へと合理的に転換されてゆく。この場合、「より高い目的」をグリーンは「より高い関心」（河合はこれを「興味」と訳す）とよぶ。そしてこの関心は「そのある形式において人間完成をその目的とする」と説明される。

以上のように自我実現を理解するとき、河合の「人格の成長」と「現実の自我」とのギャップを克服する道は見えてくる。その手掛かりはグリーンがあげる「愛、怒り、誇り、野心」といった衝動である。この外に劣等感、復讐心、挫折、失敗、後悔といった感情も追加されよう。こういった衝動や情念は冷静な判断を忘れるならば、他人や社会に危害を加えるなどの反社会的行動に転じやすい。グリーンが自然的諸情念は「ある偉大な公的大義」によって支配される必要があるというのはそのためである。諸情念がこのようにして克服されることが実は「人格の成長」の第一歩である。人格の成長のためにわれわれは何をなすべきであるかは河合がしばしば問いかけた問題であったことを考えるとき、われわれは一方では人格の成長という永遠の目的を考えると共に、他方ではその手掛かりはわれわれ自身の心の中に見出される。グリーンが人間の完成は「心または性格の状態」を見つめることによって自我に帰るといったことは意味がある。人格の完成は一人ひとりの心に帰ってその動きが自己自身と自然に一つになる方向にある。

註

(1) 河合栄治郎『学生に与う』八二頁。
(2) 同書　二九二頁。
(3) 同書　八二－八三頁。
(4) 同書　二九八頁。
(5) 同書　六七－六八頁。
(6) J・S・ミル（塩尻公明・木村健康訳）『自由論』岩波文庫、一九七七年第10刷、一一八－

一一九頁。

(7) 『河合栄治郎全集』第一巻、二七頁。

(8) J・S・ミル（塩尻公明・木村健康訳）『自由論』、　一一九頁。

(9) 『河合栄治郎全集』第二巻、四七頁。

(10) *Collected Works of I. H. Green*. Volume2, Edited and Introduced by Peter Nicholson, Thoemmes Press, 1997, P.325.

第五章　河合栄治郎の人間観と自我の成長

一　河合栄治郎の自我成長論とその原点

河合が『トーマス・ヒル・グリーンの思想体系』から学んだものは現実の自我がいかにして理想の自我（人格）を実現することができるかという理論であった。河合のグリーン解釈はグリーンの思想体系の中心の位置にある「永遠意識」や「神的原理」については十分な理解を示してはいないが、かれはグリーンの思想体系を認識論、道徳哲学、宗教論、社会哲学、社会思想に分けて検討し、まとめることに成功した。河合はこれらの知識を基礎にして『社会思想家評傳』（昭和一一年）および『学生に与ふ』（昭和一五年）を刊行した。本章は『学生に与う』（社会思想社、新版第一刷、一九九七年）を手掛かりとして河合の現実の自我が理想の自我に向かってどのようにして高まってゆくか、その原点はどこにあったか、それはグリーンの自我実現とどのように違っているかを再検討する。

河合が人格（理想の自我）を重視するに至った契機はかれが農商務省の官吏として四年有余勤務した経験にあった。とくに、かれが大正七（一九一八）年九月、工場法々案研究のためにアメリカへ出張し、帰国（大正八年五月）後、工場法案の起草に際し上司と意見が合わず、農商務省を辞任するに至った経緯が河合をして労働問題を根本的に再検討する必要を痛感せしめた。これが「官を辭するに際して」を書く動機であった。その根本問題は労働問題に対する上司の認識と河合のそれとが根本的に違うことにあった。河合はアメリカの労働問題の現状と課題とを研究調査して帰国した直後であったから、世界の動向を踏まえた上でこれからの日本の労働政策の方向について構想を立てていた。帰国後、河合は工場法案の起草を委託されていたが、上司と対立し、遂に大臣は河合以外の人物に起草を命ずるに至った。河合は大正八年七月下旬「農商務大臣は結局自分の意見を容れない事になって、別に他の人々に原案の起草を命じた。當時自分は事既に定まるを感じた。國際間に於ける日本の窮境を知り、國際勞働會議の意義を感ぜる自分は、此の時官を辭して輿論を喚起し、政府の對案に修正を加ふべく宣傳の運動を爲さんかと考へた。[1]」という。河合にとっては労働問題は農商務省の事務的問題ではなく、もっと根本的な問題であった。かれは次のようにいう。

「靜かに考ふれば意見對案は抑々末である。吾等に取って貴重なるは根本思想であつて、決して個々の意見對案ではない。個々の意見を異にするが爲に官を辭するならば、到底其の煩に堪へないであらう。尚準備委員會の一員として意見を吐くの機ある間は、徐ろに形勢を熟視するも決して遲からざるを知って意を飜したのである。しかし準備委員會の一箇月は吾等と當局の多数と異るは個々の意見に就いての差異に非ずして、勞働問題に對する根本思想と根本態度とに在ることを感ぜしめ、此の感は勞働代表選定協議會前後に於て更に切ならざるを得なくなつたのである。[2]」

河合は省内の会議を通して労働問題の根本思想について大臣およびその部下が十分理解していないことに気づく。かれは省内の役人の頭が「固陋頑冥」な保守的思想であったと見る。かれはこの辞職を転機として社会改革の原理をグリーンの『政治義務の原理』に求める。かれが『学生に与う』の中で成長した人格とは何かという問題を考えるようになったのは、若き日の役人時代の上司の官僚の頭があまりにも保守的であったからである。人格の成長が問い直されなければならないと考え、「善人」とはどのような人であるかが問われたのであった。河合は農商務省を去るに当たってこれからの労働問題を解決する方向は一人ひとりの個人の人格の自覚にあると考える。これが「根本問題」であると河合は考え、次のように主張する。

「労働問題は個人人格の権威の自覚に淵源を發し、社会公正の實現を要求するに在る、其の運動はフランス革命の延長であつて、更に遡れば宗教改革に至り、文藝復興に至るかもしれない。其の底を流るゝ基調は各個人の権威尊重して之が充實を計るに在る。此の意味に於て個人主義は今も尚勞働運動の根源であつて、社會主義の色彩を帯びる場合と雖も、尚此の意味の個人主義の感化を脱するものではない。而して此の個人の充實なる思想は、遠くには神より受けたる此の生命の如何に貴重なるものかを教ふるクリストの福音より來れるものと思はれるのである。[(3)]」

この文章を書いたのは河合が二八歳のときであった。ここに述べられる個人主義とその根底を貫くキリスト教との再評価は河合が一高時代の恩師であった新渡戸稲造と内村鑑三のキリスト教思想の影響によるものであったことは容易に推察される。

二　河合栄治郎の善人観

河合は『学生に与う』の中で善人とは偉人であり、全人であるという。かれはこれらを同じ意味において考える。教養とは、かれによれば、人間が全人となって自我が躍動することであるという。全人になることは知的活動、道徳的活動、芸術的活動が統一された全自我となることである。河合は三つの活動の調和が人格であると考える。ここで問題となることは、これら三つの活動はいかにして調和されるかということである。現実の自我はこれら三つの活動が必ずしも調和してはいない。むしろこれらは矛盾し、あるいはアンバランスの状態にあるのが現実の自我である。知的活動は道徳的活動と調和していないのみならず、分裂している場合が多い。芸術的活動に関心をもつことはすべての人に期待することは困難であろう。河合は芸術的活動をどのような意味において考えたのであろうか。芸術的活動は道徳的活動とどのような関係にあるだろうか。高山樗牛は自我の活動は美的活動であると考え、全自我の活動は美を表現していると考えたが、河合はこの点をどう考えたであろうか。

河合は人格を「真・善・美を調和統一した主体である」というが、これらの調和・統一を可能にする原理は何であろうか。三つの活動は理性にその源泉があると河合は考えるが、理性は人間の欲望・情念・感情とどのよな関係において考えられるのであろうか。かれは道徳的活動についてはカント寄りに考えており、欲望・情念・傾向性の位置づけが消極的である印象を強く受ける。この点は前章の「自我実現の原理」についての河合の消極的姿勢において見たとおりである。理性が三つの活動を調和し、統一することができると考えられているとするならば、理性が自然的衝動とどのような関係において積極的役割を果たすことができるかが説明されなげなければならない。このように考えてくると、宗教の役割について考える必要がある。すなわち、真・善・美・信の四つの要求と活動とが人間性の中に認められなければならないが、河合は「信」について積極的発言をしていない。グリーンはすでに指摘してきたように、知的活動、道徳的活動、社会的活動の基礎にキリスト教に対する独自の解釈によって信仰を置いている。グリーンはすでに考察したように永遠意識または神的原理が人間に自己再現し、自我意識によって身体的諸機能が有機的に働くという仕方によって心身の調和・統一が可能であると考える。宗教に関心が低い河合はグリーンの宗教論や『倫理学序説』の中の以上の関係にはとくに注目しなかったように見える。

　河合は善人は「全人」であり、「偉人」であるという。かれは善人について次のように述べる。以前紹介したが、改めてとりあげ、考えてみることにしたい。

「狭隘な視野・乾燥な感情、稀薄な孱弱《せんじゃく》、これらは善とはまさに反対で、悪に属するものである。われわれの周囲には、しばしば人を弁護する場合に、『あの人は性格が弱いから』という。しかし弱いということは、弁護の理由にならないのみか、まさに悪そのものである。人はあるいは誤解するかもしれない、私のいう善人とは温厚な有徳の君子をいうのではないかと。これもまたまさに反対である。もし温厚な君子ということが、なすべからざることはなさないが、なすべきをもなさない消極的退嬰《たいえい》的な人を意味するならば、彼は決して善き人ではない。

またもし有徳の君子になることが、世上のいわゆる伝統的の道徳に一意専心これ従う底のことであるならば、これもまた、われわれの与《くみ》するところではない。世に往々にして鞠躬如《さっきゅうじょ》として過ちこれなからんことを期して止まないものがある。過ちはこれによってまぬがれるかもしれない、しかしその高価な代償として、人それ自身は小さく弱く萎縮《いしゅく》するならば、かえって善に遠ざかることである。[(4)]」

河合の「善人」についての問題点はかれが人間を固定的に見ていないかということである。性格の弱い人は悪に属くすると河合はいうが、状況が変化すればかれは強くなる可能性がある。二〇一八年五月二二日、日本大学のアメフトの宮川選手が反則行為（関西学院大学のＱＢの選手にタックルをし負傷させた行為）の謝罪を日本記者クラブで表明し、日大の監督やコーチの指示で反則行為をするに至った経緯を述べた。記者から「なぜ反則行為をしたか、それが悪いと判断できなかったか」という質問に対し、宮川選手は「私が弱かったのです」という意味の答弁をした。監督やコーチの「相手を潰せ」という指示に宮川選手は「ノー」とはいえなかったが、後で反省し、記者会見場に出席し、事実をありのままに説明したことは「勇気ある態度であった」と関学大側の監督等からのみならず、マスコミ関係者の多くの人から激賞された。弱い選手が勇気ある、強い選手に変身した実例である。人間は一度や二度の判断のミスから「あの人は性格が弱い」ということはできない。状況が変化すれば弱い自分が強い自分になる可能性があると見ることができる一例である。河合は性格の弱い人はその人の置かれている状況が変化したならば強くなることもあり得ることを見逃している。逆に性格の強い人は善い行為をする可能性が高いと河合は考えているが、強い性格の人は人を思いやる心に欠けているかもしれない。日大の監督やコーチは選手にとっては怖い存在であり、絶対服従をしなければならない強い性格の人であったと見える。かれらは選手を育成しようとする人間愛の表現が極めて未熟であったと非難されても弁解の余地はあるまい。性格の強弱を判断する規準は何であるか。河合の性格論を再検討する必要があろう。

三　河合栄治郎は「強い性格」をどのように考えたか。

河合は「強い性格」とは自我の焦点が単一であり、焦点化されていることであるのに対して「弱い性格」は自我の焦点が複数であるために分散し、不統一であるという。かれは次のようにいう。

「強き性格とは、その自我の焦點か明白であり單一であるが爲に、自我が統一され、全精神が集中されていることである。弱き性格とはその焦點が複雑多岐に分散してゐるが爲に、自我が不統一に分裂してゐる、その爲に精力が一所に動員されてゐないことである、而して性格なきものとは、弱き性格の程度を高めたものに外ならない。ここに焦點と云ふのは、最高善を云ふので、あるものは利益を最高善とし、あるものは國家を最高善とする、その焦點が何であらうとも、それが單一であり明白であるならば、強き性格となりうるであらう。従つて性格が強いことは、それだけで善き性格だとは云はれない、善き性格たる爲には、最高善が即ち焦點が人格の實現になければならないからである。だが強き性格は自我が統一して全精力が一所に集中してゐるが爲に、若しその焦點が今は誤つてゐやうとも、やがてあるべき焦點に轉化したならば最も善き性格となりうべき希望性がある、之に反して弱き性格は今現に焦點が分散してゐることの故に、善き性格でないのみならず、全精力が一所に集中されない爲に、最高善を正しく把握する努力さえも覺束ないと云へるであらう。現代人は性格が弱いと云はれ、殊に現代の知識階級は性格の強さが缺けてゐると云はれるのは、各方面から最高善の王座を爭ふイデオロギーに忙殺され、その取捨選擇に困惑して、複数の最高善を所有してゐるからである。[5]」

性格の強弱は自我が焦点化されているかどうかにかかっていると河合はいう。焦点とは最高善である。自我が最高善に集中しているならば、性格が強いのである。性格が強いとは自我が最高善に集中していることである。性格が弱いとは自我が最高善以外の複数の目的に分散していることであるとされる。最高善とは人格の実現の意味である。これ以外の焦点とは、たとえば「利益」や「國家」等であるが、これらの外に社会的地位、名誉、金銭等があげられよう。河合の性格論において疑問となることは自我が最高善に集中することができる条件は何であるかということである。さらに、自我と人格の実現とはどのような関係にあるか。河合は人格を理性と考え、それを「普遍」と理解する。これに対して自我は理性が現われた「特殊」であると理解する。すなわち自我は人格の特殊相である。このように理解される自我は抽象的である。自我は何を手掛かりとして最高善である人格に集中することができるであろうか。河合は人格を知識的活動、道徳的活動、芸術的活動を統一する主体と考える。そしてこれらを統一するものは理性であるという。[6] 理性はそれ自身によってこの統一作用を可能にするといわれるが、欲求・感情・意志の作用との関係なしに独力で三つの活動を統一することができるであろうか。知的活動は真を求める探究心であり、その原点は知的関心（興味）である。道徳的活動の原点は善を求める欲求（願望）である。芸術的活動の原点は美を追求する自然的衝動である。しかし、河合はこれらの活動を統一するものは理性であるという。理性は興味、欲求、衝動と深くかかわっている現実があるが、河合は理性とこれら三つの自然的傾向との関係をどのように考えたであろうか。かれがこれらの関係を十分説明していたならば、自我が最高善（人格の実現）への集中の可能性を示すことができたであろうと考えられる。なお、河合は知識的活動、道徳的活動、芸術的活動の外になぜ宗教的活動をあげなかったのかという疑問が残る。人間性の要求は真・善・美の外に「信」をも含むことは厳然たる事実であるからである。

河合は「強き性格は自我が統一して全精力が一所に集中してゐるが爲に若しその焦點が今は誤ってゐやうとも、やがてあるべき焦點に転化したならば最も善き性格となりうべき希望性があ る」という。かれは最高善が誤っている場合もあると考えており、その変更がありうることを述べる。最高善が理性である以上、理性は基本的には誤るはずはなく、不変であると考えられる。だからこそ人格は普遍であると河合はいったと考えられる。ところが、最高善は河合にとっては誤る場合もあると考えられている。最高善が理性による知的活動、道徳的活動、芸術的活動の統一であると以上、それは完全であると考えられる。しかしそれが誤る場合もあるとすれば、相対的であると考えられる。河合は最高善を相対的理想と考えていたのであろうか。かれは最高善（人格）を「成長した極限」と考える。かれはそれをカントに従って「神聖」と考える。人格は河合にとっては絶対的価値であると考えられていたに違いない。しかるにかれは最高善を「今は誤つてゐやうとも、やがてあるべき焦點に轉化したならば最も善き性格となりうべき希望性がある」という。人格は矛盾を含んだ概念である。河合はこの矛盾に気がつかなかったのであろうか。このように見てくると、河合の説く「教養」論は読者を迷わす論理によって展開されているといわざるを得ない。頭脳明晰にして論理整然を旨とする河合の教養論の㈠㈡が難解であるといわれる根本原因は、人格の成長、自我の成長、理性の三者の関係があまりにも抽象的に考えられ、読者を納得させる具体的イメージを与えることの難さにあるということができよう。

四　グリーンは性格、理性、意志の関係をどう考えたか

河合の人格の実現と自我の成長との関係についての問題とその解決とを考える上においてグリーンがこの関係をどのように考えたかを考察することは多くの示唆を与えるに違いない。

グリーンは『倫理学序説』の第二編および第三編において論じられる自我、意志、理性、神的原理（これは「神的自我実現」ともよばれる）の関係について詳細に説明する。神的原理は意志と理性との共通の源泉である。それはこれら二つの能力の統一を促進する。理性はグリーンによれば完成の観念であり、意志は欲求、情念、感情を統一した具体的対象を実現する活動の中に自我の満足を求める努力である。河合は理性を強調するが、理性と意志との一致を具体的に論じていない。そのため、人格の実現と現実の自我との統一的関係が見えない。かれの人

格成長論が空しい印象を与えるとすれば、それがあまりにも抽象論であるからである。グリーンは理性と意志とを不可分において考える。これらはワンセットとして考えられる。河合は人格の完成を理性の視点から見るあまり、意志の役割と位置とを説明していない。グリーンは理性と意志とは人間が環境との関係の中で生きている以上相互に影響し合い、形成されると考える。詳しくいえば、グリーンは神的原理の自己再現は二段階をたどる。第一段階は意志が欲求や情念に働きかけ、その対象の実現の中に自我の満足を見出すことができるかどうかということである。第二段階はこうした対象を実現することが理性の求める人間の完成の理念と一致するかどうかということである。これらの問いが肯定的に答えられるならば、人間完成の第一歩がスタートする。

次に、グリーンは人間の性格をどう考えたであろうか。グリーンは「強い性格」を「強い意志」とよぶ。「それは、人間が自我の満足を求める対象を自己自身の前に明確に置くことがその人の習慣になっていること、そして偶然的欲求の暗示によってあの対象からそらさせないことを意味する。(7)」要するに、強い意志とは目的に対する諸能力の集中が習慣になっていることである。この点においてグリーンと河合とはほぼ一致する。グリーンは性格は成長するというが、河合は性格の成長については説明をしていない。河合は性格の強弱を先天的なものと考えているようにみえるが、グリーンは性格は自我が善と同一視される対象の中に自我の満足を見出し、そこに意志を集中することによって形成されると考える。かれがこのように考えるのは、神的原理が人間の内において絶えず作用し、意志を善の対象に集中させつつ、理性が要求する自己の完成をその善と一致させるように働くからである。河合は理性によって現実の自我が人格の実現に向かう努力を強調するが、現在の努力が人格の実現と結びついていることに注目しない。そこに意識のギャップがあり、空しい響きが感じられる。グリーンは現在の一歩一歩の中に理想の自我は部分的に実現され、これを「よりよき状態」として理解し、これを次の新しい自己実現の一歩として連続的に考える。河合の理論には連続的自己実現という着実な発想は乏しい。

さらに注目すべきことが二点ある。グリーンは善を「心あるいは性格のある状態」と考える。この善は神的自己実現の原理の作用によって理性と意志とを統一する状態である。グリーンは善をこのように内面的に考えるが、それは社会の一員としての各個人の状態である。それは社会の諸成員の交流によって相互に実現され、ある人の善の対象の達成は他の成員の善の対象の達成に貢献する。(8) グリーンは理性と意志との統一をこのように考える。グリーンが考える各人の善とはコミュニケーションによる「相互奉仕の理想への献身」である。(9) 相手や無名の人に奉仕すること・援助することはそれ自体自己も助けられていると解釈することができる。そこには利己心が働いていないことはいうまでもない。第二点は、グリーンの「献身」の行為はそれ自身が結果においても価値をもつということである。この意味は献身の結果と献身の行為それ自身とが同一であることである。換言すれば献身によってそれ以外の何かが期待されているのではないということである。行為の結果は行為それ自身であるということである。なぜかといえばそれは人間の完成への絶対的関心をもつ性格の表現であるからである。(10) グリーンはこのように考えることによって善は動機によって判断されるべきか、結果によって判断されるべきかという論争に終止符を打つ。

註

(1) 河合栄治郎『第一学生生活』日本評論社、三七二－三七三頁。
(2) 同書　三七三頁。
(3) 同書　三九三頁。
(4) 河合栄治郎『学生に与う』社会思想社、　七四頁。
(5) 河合榮治郎編『学生と先哲』日本評論社、　三〇－三一頁。
(6) 同書　一八頁。
(7) T. H. Green, *Prolegomena to Ethics, Fourth Edition*, The Clarendon Press, 1899, P.123.
(8) *Ibid.*, P.297
(9) *Ibid.*, P.296
(10) *Ibid.*, PP.478—479. 参照

第六章　河合栄治郎の宗教観と利己主義

一　河合はグリーンの宗教論をどう理解したか

河合は『トーマス・ヒル・グリーンの思想体系』の第一一章「グリーンの宗教論」の中で「永遠意識」について論ずる。グリーンの思想体系の中心は永遠意識であり、これは神的自我実現の原理とよばれる。河合はこれを自我の理想（知識の理想、道徳の理想、芸術の理想）として理解する。これはグリーンの永遠意識を適確に説明しているとはいえない。なぜかといえば河合は永遠意識の自己再現を動物的生活の過程との関係において有機的に説明していないからである。グリーンは永遠意識を「動物的生活の過程」の媒介による絶えざる自己再現として説明する。知識、道徳、芸術の諸活動はこのようにして産出される。河合は永遠意識をこれらの活動の到達目的として考える。河合はこの意味において永遠意識を自我の理想として考え、それが動物的生活の諸過程において絶えず自己再現している事実に注目していない。これは大きな誤解である。

河合は「グリーンの宗教論」の「結論」において自我を以下の三つに分類する。第一は「現実の自我」、第二は「今現に意識されつつある『可能の自我』である。」第三は「やがて意識されるべき然し未だ意識されざる『可能の自我』である」。河合の自我の三分類は理解できないでもないが、かれが見逃している点は第三の理想の自我がわれわれの意識のあらゆる段階において働きかけ、意識されている事実である。この意識は現実の自我が衝動、欲望、感情等との関係において制約されるから部分的であり、不完全である。しかし、理想の自我（永遠的意識）は制約された条件下にあっても、その部分的実現の段階に支えられ、さらに発展し、より完全となる。このプロセスは充実の連続的過程である。どの段階においても理想の自我は生々と躍動する。しかし、河合は自我実現の真相を理解することができなかったと見える。

河合はグリーンが「自負心がいかに罪なるかを明らかにした。」とし、その宗教論を評価した後、「此処に神の意識が罪を意識せしむる条件であると共に罪は神を意識せしめる条件である」と説明したという。[1] しかしこの説明は不正確である。大切なことは「人間と神との意識の同一性」である。グリーンは次下のようにいう。「……人間と神との間の同一性がなければ、人間は罪人ではないであろう。なぜかといえば罪の条件はこの同一性が存する自我のあの意識であるからである。しかし利己性と罪の源泉は罪を克服するものの条件でもある。罪は人の可能性が実現され得ないもの、すなわち快楽の中にこの可能性を現実化する努力である。[2]」

河合はグリーンが悪について述べることが少なく、「悪について語るも単に利己心とのみいって、その内容を詳細にしない。」という。グリーンにとって第一に重要なことは人間と神との意識が同一性であれば、何が罪であるか、何が悪であるかは自然に意識される。しかも人間と神との同一性はいつでもどこでも意識されるから、一つ一つ外部から教えられ、指示されなくても、罪や悪は意識される。たとえば怒り、利己心、野心などが起こったとしても「神的自我実現の原理」が働きかけている以上、悪といわれるこれらの諸情念は社会的善を実現する原動力に合理的に高められることによって人類の善に貢献することができるとグリーンはいう。これが可能であるのは「神的自我実現の原理」（永遠意識）が人の内において絶えず自然に意識されることによって人間の自然的衝動が合理的に高められるからである。グリーンはこの方向づけが理性と意志との共働作用であるという。

グリーンの宗教論において河合が注目していない点が二つある。その第一は神が内在的に考えられていることである。各人の内に神が宿っているということである。しかしこの神は伝統的に考えられてきた超越的神が理性を媒介として内在化した神である。超越的神は内在的神とのコミュニケーションをとる。これが啓示とよばれ、神と人間とを結びつける。河合はこの点に注目していない。第二は祈りが道徳的意味を含んでいるということである。人間の内に神が啓示されることは同時に神に対する人間の反応が感謝として祈りを必然的に伴うということである。祈りとはグリーンによればそれ自体が報酬であり、感謝の表現である。それは言葉を通して表現されるが、人に聞いてもらうことが第一の目的でもなければ、人から何か物質的利益を得るためのものでもない。それはいかなる形式をとろうとも、それ自体で成就されており、それ自体が報酬である。祈りはグリーンによれば道徳的行動の始まりである。

二　河合は宗教をどう考えたか

河合は宗教をどのように考えていたのであろうか。かれは『学生に与う』の第一部一三「宗教」の中で次のように述べている。

「私には宗教を語る資格がない、なぜなれば私はいまだに宗教的体験をもたないからである。私の育てられた家庭は仏教を宗旨《しゅうし》としていた。しかし多くの日本の家庭のように、仏教はわれわれの魂と結びつく信仰としてでなしに、一種の儀式として葬式と命日とに思い出されるものにすぎなかった。もちろん仏教の伝説として伝えられる地獄極楽、西方浄土、賽《さい》の河原などの物語は、何らかの印象をわれわれに刻んでいたに相違ない、そしてその印銘《いんめい》はわれわれの意識していいるよりも大きいかもしれない。[3]」と述べられるが、「今の私も従来の私と同じく、宗教とは交渉をもたない。」と河合はいう。

河合が『学生に与う』の中で宗教をとり上げたのは、道徳が宗教と深い関係があったからである。かれは同書の第一部一二「道徳」の最後において次のように述べる。

「人格への成長のためにという動機は、明白に利を去って利につかえないことを要求する。これで多くのことは解決される。私はかつて『グリーンの思想体系』を書いている時に、グリーンが利己心を去ることが、行為の決定の根本要件のようにいっているのをみて、にわかに肯定する気になれなかったが、それ以来ことに最近の経験に徴するに、グリーンの言に貴重な教訓が込められているように思われてきた。智識階級は自己の行為を弁明するために、複雑な自己詭弁を弄《ろう》するが、自己の利を求めるかこれを捨てるかで骰《さい》は投げられる。利を捨てることがただちに善《よ》き行為となるというのではなく、利に囚《とら》われる間は、人は心眼曇って道が見えない。利を去る時に心眼ただちに開いて、道おのずから通ずるのであろう。[4]」

これは重要な指摘である。「利を捨てること」と「利に囚われる」こととはいずれも宗教の問題であるともに道徳の問題でもある。前者は善の行為を考えるとき問われる問題であり、後者は善行為を成立させる動機の根本問題である。これは心のあり方が問われる宗教的問題である。利に囚われないようにするためには正しい心のあり方が問われるが、心は瞬間的に移り変わりやすいので、それを正しい状態に保持することは極めて難しい。宗教上の修養が求められる理由があるが、河合は「修養」の中ではこうした問題をとりあげていない。河合の道徳論の中には宗教の問題が含まれている。これは以下のように説明できる。かれは人格を最高善と定義する。人格は現実の自我を成長させる原動力であるといわれるが、理想の自我（人格）と現実の自我との間に橋が考えられていたであろうか。『学生に与う』の全体を通して読むとき、両者を結合する橋にたとえられる媒介概念が見当らない。現実の自我を理想の自我へと高める努力は示されているが、具体的に努力をどうするかが述べられていない。抽象論に終始している観がある。河合がグリーンの形而上学（永遠意識）に基づく認識論、道徳哲学、宗教論を正しく理解していたならば、人格の実現と現実の自我との間には連続性があり、永遠意識の不完全な顕現からより完全な顕現へと進む連続的発展的プロセスの中で自我実現が進行することを説明することができたであろうと考えられる。河合が現実の自我を理想の自我に対して「永遠の進歩」としてとらえ、その歩みを「儚さ」として嘆息するのは、両者が相互に助長し合う関係において一元的に理解されていないからであると見ざるをえない。この方向を確実にするものは改めて人間、神、信仰の三者の関係を再検討することによってグリーンの宗教論を論理的に理解することである。

河合は道徳から宗教への道を探究していたことを知ることができる。かれはいかにして「利を捨てるか」、いかにして「利に囚われる」ことから自我が自由になるか。かれはこの答えを宗教に求めたと考えられる。河合は「宗教」の劈頭において「一つの希望が浮かんでくる。私が理想の自我として描いた人格、そこには真と善と美とが充全に調和されているその姿が、単に概念的の理論として、われわれの前に説かれるのでなく、いま現に実在するものとして、われわれの前に髣髴《ほうふつ》することはできないか。かく思い望むときに、われわれは当然に宗教の問題に到達する。(5)」と述べる。河合が宗教に期待するもの（真・善・美の完全な調和）が「今現に実在するものとして」考えようとしていたことを知ることができる。

三　河合は神と人間との関係をどう考えたか

河合は神と人間との関係を二つの仕方によって説明する。第一は超越的関係である。「この関係においては、全知全能の、絶対無限の強力者として、神は人の前に屹然《きつぜん》として立ち、弱小無力の人はその前に跪坐《きざ》して礼拝する。人は己れの無力を痛感して、自己を無にまで否定した後に、神の御力に頼って再び自己を肯定して、力と命とに生きる。……キリストと釈迦が肉に死して霊に生きたように、人は生きねばならない。否定が否定されて肯定が現われる境地である。(6)」

河合は神仏を同じように理解し、「絶対無の強力者」として理解する。そして人間はこのような絶対者（河合はこれを「強力者」とよぶ）の前にひれ伏し、礼拝す。人間は「弱小無力」な存在であり、神仏は「強力者」であるとされる。弱い人間がいかにして自己を無にすることができるか。無とは何であるか。否定の否定が肯定されることと無とはどのような関係にあるか。河合はこれらの疑問には一切答えていない。神と人間との第二の関係について河合は次のように説明する。

「この関係は内在的関係である。『御言《みことば》は汝に近し、汝の口にあり、汝の中にあり』といわれるごとく、神は人の中にあって、人とともに生き、人とともに歩む。人が絶対帰依《きえ》するとともに、神は大慈大悲の愛をもって人を抱く。しかもその愛は人の愛ではないから、絶対であって制約がない、寛大であって我執がない。およそ愛として考えられる愛が、神により与えられる。[7]」

「御言は汝に近し、汝の口にあり、汝の中にあり」（「ローマ人への手紙一〇章八節」、旧約聖書の「申命記、三〇章、一四節」）はグリーンの講演である。[8]グリーンはこの言葉の意味を以下のように解釈する。われわれの理性は神の理性であり、われわれの霊は神の霊である。さらに神はあらゆる人間の自我と同一である。人間は自己自身を意識することにおいて神を意識する。この意識によって人間は神が存在することを知る。神が人間に内在することは神が「可能的自我」として内在することである。この自我とわれわれとの同一性のうちに「神との真の統一」があるとグリーンは考える。しかし、河合は神と自我との意識の同一の立場から神仏を理解してはいない。河合は人間が神に絶対帰依する存在であるという。かれが神を「絶対無限の強力者」として理解するとき、神と人間との間には距離がある。人間は弱い者、神は力のある者として対比される以上、人間と神との意識の同一性は考えられない。ここに河合の宗教観とグリーンのそれとの間に根本的差異がある。河合はグリーンの宗教観とは違った視点から宗教的な生き方と理想主義の生き方とが類似しているとし、次のように述べる。
「宗教生活に生きるものの境地がこうだとすれば、理想主義を生きるもののそれと、あまりに似るものがありはしまいか。理想主義に生きるものも、現実の自我を理想の自我に対比して、己れの無力と弱小とを感ずる、そして現実の自我を否定して、理想の自我に生きようとする。この超克は苦しい、悩ましい、惨《いた》ましい戦いである、しかも彼はあくまでも人生の戦いを戦おうとする。彼はこの戦いに連なる同志に、戦友としての共鳴と共感とを覚える、そして愛を抱くとともに、己れも愛されんことを憧憬《あこが》れる。この愛を親に、師に、友に、恋人に求め、我執と利己とを脱却して、愛して愛し抜くことを期する。これが理想主義を生きる者の姿だとすれば、神を求めて宗教に生きる者の姿は、彼にとって決して縁遠いものではない(9)。」

河合は「宗教生活に生きるもの」と「理想主義に生きるもの」との類似点は「現実の自我を否定して、理想の自我に生きようとする」ことであるという。問題は「現実の自我を否定すること」は自我全体を否定することであるという意味であるか、それともその一部分を否定することであるのかということである。河合は理想の自我(人格)は理性であるとし、現実の自我は理性が現われた特殊であると説明してきた。この基本線に立つとき、現実の自我を否定することは理性を否定することになる。これは自己矛盾の論理である。河合の真意は何であったか。

先の引用文の後半には「我執と利己とを脱却して愛して愛し抜くことを期する。」と述べられている。河合が否定すべき自我は「我執と利己」であったと理解することができる。かれは自我が理性と我執・利己とから構成されていることを指摘した上で、これらを区別し、否定すべき部分は我執と利己とであると説明すべきであった。河合のような俊敏な頭脳と論理の一貫性とをもった思想家が以上の混乱を招いたのはなぜであったかが問われる。

河合は『学生に与う』の中の「宗教」の最後の部分において「自負心」(self-conceit) が脱却できないことを問題にしている。これは我執の一面であり、その根本は利己心にあると理解することができる。「自負心」はグリーンも問題にしており、河合もこれに共感したと考えられる。しかし、河合は自負心が抜け切れないことを嘆く。自負心は我執から起こっているから、根本的には我執からいかにして脱却するかがかれの最大の問題であったと見ることができる。

河合は結論として一応次のように語る。

「功を人より出たものとして人に帰するか、神のものとし神よりのものとして、これを神に帰するか、これがわれわれの心を分かつ最大の分岐点であろう。理想主義者は利を去ることを知る、しかし己れを去ることをまだ知らない。神の愛を人の愛に比べるのは冒瀆だとしても、神の愛に浴する信者が人でありながら、身を傾けて同胞を愛するときには、あの愛の中に己れがなく我執がない。理想主義の哲学はその理論的内容を微細だも変容する必要はない。しかし、この哲学を奉じこの哲学を生きる人そのものの心は、より偉大なものの前に敬虔に跪《ひざまず》いて、神より出でて神に帰するまで、我《が》と己れとが打ち砕かれねばならないのではないか。さらばとて人はただちに神を信じるわけにはゆくまい。ただ運命が我が胸に何ものかを閃《ひら》めかせたときに、ただちに胸を開いて神の御前《おんまえ》に跪く心の用意は必要であろう。だがその時でもあの自負心の抜けがたき煩悩《ぼんのう》が、ともすればその道を阻むことを虞《おそ》れなければならない。[10]」(傍点は河合による)

河合はキリスト教の知識を「グリーンの宗教論」によってもってはいたが、神を信ずる心境には至っていない。なぜかといえば神の前に跪くことを妨げる自負心(煩悩)があったからである。理想主義者は「己れを去ることをまだ知らない」というが、河合もその一人であったと見える。己れを知ることの難しさは何であったのだろうか。それは神の前に跪くことを妨げる自負心から自由になること(解脱)の難しさがあったからであると見える。河合は神を信ずることの難しさを仏教的用語によって説明しようとする。かれは仏(ほとけ)を信じていたのであろうか。かれは仏教について積極的発言をしていない。ではかれは神を信じたか。すでに見てきたように河合は神の前での謙虔な態度を示しているが、かれ自身が神に祈りを捧げたとは見えない。河合は我執から起こる自負心(自我の強さ)が神への祈りを妨げ、神との一定の距離を取ったからである。河合は仏教とキリスト教の神との間に立ち、どちらにも徹することなく自我の成長を「叱咤《しった》し鞭撻《べんたつ》し、理想の自我を目指してまっしぐらに精進する」ことを主張する。これは若い読者を勇気づけるが、冷静に考えるならば、自我の成長の宗教的基礎を確実にすることの重要性を再認識する時の到来を含んでいると理解することができる。なぜかといえば挫折のない人間は存在しないからである。

註

(1) 『河合栄治郎全集』第二巻、二五三頁
(2) *Collected Works of T.H.Green*, 3, P.226
(3) 河合栄治郎『学生に与う』一九四－一九五頁。
(4) 同書　一九二－一九三頁。
(5) 同書　一九四頁。
(6) 同書　一九八－一九九頁。
(7) 同書　一九九頁。
(8) *Collected Works of T.H.Green*, 3, PP.221—229 参照。
(9) 河合栄治郎『学生に与う』一九九－二〇〇頁。
(10) 同書　二〇〇－二〇一頁。

第七章　グリーン以後の思想動向と河合栄治郎が訪問した知識人

一　グリーン以後の思想動向

河合栄治郎は『トーマス・ヒル・グリーンの思想体系』の第一四章「グリーン以後の思想界」の中で、「グリーン以後の理想主義」、「下層構造に於ける新傾向」、「上層構造に於ける新傾向」について重点的に紹介し、その特色を説明している。

「グリーン以後の理想主義」は大きく三つのグループに分けられる。第一群はE・ケアド、J・ケアド、F・H・ブラッドリ、B・ボサンケとリーチである。これらの中でE・ケアドはグリーンの盟友であり、ベリオル・カレッジのマスターに就任した人である。ブラッドリの『現象と実在』はカント以後一九世紀の最大の哲学書として評価されるが、河合は本書を読んだようには見えない。以上の人物の外にグリーンの『倫理学序説』を編集し、刊行に尽力したA・C・ブラッドリおよびグリーンの伝記を書いたR・L・ネットルシップをあげるべきであっただろうが、紹介していない。第二群としてあげられている人と著作はグリーンの自我実現説に立脚して書かれたミュアヘッドの『倫理学要論』、マッケンジーの『倫理学要綱』、ジェームス・セスの『倫理学原理』等である。これらの人物の中でミュアヘッドの『倫理学要論』は明治三五年一〇月二五日から同三一日まで「哲学館」（現東洋大学の前身）において中島徳蔵（一八六四‐一九四〇）講師の試験科目（倫理学）のテキストに使われた。ミュアヘッドの原書は桑木嚴翼によって訳され、富山書房から明治三五年に発行された。中島はこの訳書『倫理学』を使用し、卆業試験に「動機善にして悪なる行爲ありや」を出題した。文部省から派遣されていた監督官は学生の書いた答案は「不穏當である」と判断し、文部省において審議の結果、哲学館に認可されていた「中學校師範學校教員無試驗檢定の資格」を取り消す通知が文部省から哲学館に届いた。この是非をめぐって桑木嚴翼、綱島粱川、丸山通一、中島徳蔵らの識者から論争が起こった。ミュアヘッドはこの事件について明治三六（一九〇三）年二月四日および同一一日の「神戸のクロニクル新聞」（『ジャパン・クロニクル』）に「辯妄書」を送り、誤解のないよう弁明した。河合は「哲学館事件」についてはなにもふれていない。

河合は「グリーン以後の理想主義」の最近の動向としてA・D・リンゼーがベルグソンやマルクスの影響を受けているとし、二著者をあげている。(1)

河合の「下層構造に於ける新傾向」の中で注目されることは、J・ケアドが一八九八年に、E・ケアドが一九〇八年に死亡し、さらにボサンケが一九二三年に死亡し、翌年にはF・H・ブラッドリが死亡したことである。グリーンと同時代のイギリス理想主義者が去り、時代は理想主義への反動が起こり始めた。それは「新実在論」（New Realism）の台頭である。それはG・E・ムアの『倫理学』であり、さらにホワイトヘッド、B・ラッセル等である。その始まりはすでにS・アレキサンダーの『道徳的秩序と進歩』（一八八九）から始まっていたと河合は指摘する。この「新実在論」はケンブリッジ大学のH・シジウィックの影響によるものであると河合は指摘する。そのシジウィック(一八三八‐一九〇〇)はラグビー校ではグリーンと同窓であったが、直覚主義に基づく功利主義者であった。グリーンはシジウィックより二年先輩であったが、その思想的立場は理想主義であり、『倫理学序説』の大半はシジウィックの功利主義を論破するために構成された。二人は終生交流があり、シジウィックはよく話すが、グリーンは沈黙の人であったとグリーン夫人は語る。二〇世紀の哲学・倫理学はムア、ラッセル、ブロードを主軸にして分析哲学が発展し、戦後の日本の哲学会や倫理学会で注目された。その方法はシジウィックの『倫理学の諸方法』の分析的手法の中に見出される。こうしてグリーンの理想主義は二〇世紀初頭から次第に衰退してゆく。河合はこうした流れの中でクレメント・ウェッブが「人格的理想主義」を宗教哲学の立場から主張していることに注目する。河合はホッブハウスも「人格的理想主義」や「新実在論」に近いと位置づけ、ミル、グリーン、スペンサーの影響をホッブハウスの中に見出している。

社会哲学の方面における最近の反動として「多元的社会理論」(Pluralistic Social Theory)を河合はあげる。河合はこの反動はグリーンの理想主義に対してよりはむしろボサンケの理想主義(『哲学的国家論』)に対する反動であるという。「多元的社会理論」の主張者として河合はフィギース、ラスキー、コール、マッキィバーの著作をあげている。(2)

二　河合栄治郎とミュアヘッド

河合が再度の渡欧（一九三二－一九三三年）のときは主としてドイツへ滞在していたが、一九三三年一月末に英国を再度訪問した。このとき、河合は予め手紙を出していたミュアヘッドから招待され、この老教授（七二歳）を訪問した。その様子を紹介する前にミュアヘッドとはどのような人物であったかについて説明しておきたい。

Ｊ・Ｈ・ミュアヘッド（一八五五－一九四〇）はイギリス理想主義者の中では八五歳の長寿を全うした、稀に見る長老であった。かれはグラスゴウに生まれ、グラスゴウ大学ではＥ・ケアド教授の指導を受けた後、オックスフォードのベイリオル・カレッジに入り、ジョウェット、グリーン、ネットルシップの指導を受ける。かれはバーミンガム大学の教授（一九〇〇－一九二二年）となった。かれの名声を高くしたのはその主著ともいうべき『倫理学要論』（一八九二）であった。本書が中島徳蔵によって哲学館においてテキストとして使用され、いわゆる「哲学館事件」が起こり、文部省と私学の自由との対立が起こったことはすでに述べたとおりである。ミュアヘッドは the Library of Philosophy を死亡するまで編集し、さらに『現代イギリス哲学』（*Contemporary British Philosophy*）の編集をするなどを歴任してきた。ミュアヘッドは社会的にはＪ・ボナー、Ｂ・ボサンケ等を助け、「ロンドン倫理協会」を設立した。さらにＨ・ジョンズと共に「労働者教育協会」において活躍した。ミュアヘッドはデューイとも交流があった。かれは「哲学館事件」発生後、中島徳蔵に次のような手紙を送っている。

「足下よ、

余は日本の新聞紙によりて、足下が其の業務上余の倫理教科書を講ずるに際し、動機論に就て文部視學官の誤解を招き、爲に奇禍を買へることを聞きて痛心に堪へざるなり。余は右新聞紙に書を寄せて稍や詳しく右論題の真意を辯じたり。而れども余が寄書は英文にして英字新聞に宛てたれば、或は恐る其の廣く日本讀者の知る所とならざることを。由りて余は之に就て足下の注意を促がさんとして此に一書を裁す。請ふ足下右寄書を譯して之を日本の各新聞に投ぜよ。

余は既に別に一通を寫して之を當地の日本公使に呈し、又同一趣旨の徹底を希ひ、更に東京に於ける文部大臣菊池男爵にも寄信せり。余はこの辯解により、足下の余が倫理書を用ゐしは至當の道理ありしことにて、視學官の誤解の爲めに毫も非難すべきに非ざることを明らかにし得んことを切望す。足下が便宜の時を選み返信の榮を賜はゞ幸甚し。

敬具(3)」

さて、以上のように日本と縁の深いミュアヘッドから招待され、会談するに至った河合栄治郎は次のように語る。

「哲学界の長老ミュアヘッド（J.H.Muirhead）氏から中食の招待を受けたのが最初である。氏はグリーンの門弟として、現代に於ける理想主義の最後の人である。年はもう七十二とか云ふ、氏とは以前カヴントリーの邸を訪ねて一泊させて貰つた關係である。然し果して私を覺えてゐるかどうかと手紙に書いた所が、返事にはカヴェントリーで泊つたことと奥さんから美しい日本の着物を貰つたことで、永久に忘れられないと云つて來られた。倫敦から一時間廿分程離れた南サセックスに住んでゐられる。ステーションに着いたら氏が迎へに來て呉れた、そして七十餘の老哲學者は壯者を凌ぐ矍鑠さで私のカバンを持たうとさへ云はれる。歩いて十分餘氏のこじんまりした邸に着き、三四年前に再婚された夫人に御目にかゝつた。氏の前夫人は亡くなつた倫敦大学の政治学の教授グラハム・ワラスの娘であつた。前回カヴェントリーで泊めて貰つた時にはその亡夫人の思出にしんみりしたのであつたが、今新しい夫人を見出して氏は更に元気になられたやうであつた。

中食を濟ませてからストーブの前で珈琲を飲みながら、私の携へて來た著書『グリーンの思想體系』を氏に見せた。前回の時代はグリーン、ケヤードの理想主義運動は實に華々しい思想運動であつた、然しまだ誰もあの運動の歴史を書いたものがない。君がそれを書いてみないかと云はれた。私は氏から色色の材料になるやうな話を聽いて大變爲になつた、運動の渦中に在つた氏の話は、書物で求められない資料を與へて呉れたのである。日本に歸つてから數年の後、私は漸くグリーンを中心とした理想主義運動に就て纏めることが出來た。グリーン未亡人が生きて居られたなら、先ず差上ぐべきものであつた、然し夫人は既に千九百廿九年の九月に亡くなられたし、次にはオックスフォードのベリオル・コレッヂの圖書館に寄贈しようかと思つたが、ミュアヘッド氏に見せてゐる間に氏が欲しさうであつたので氏に贈ることにして了つた。氏自身も亦最近の『哲人としてのコールリッジ』と『アングロサキソン哲學に於けるプラトー的傳統』の兩書に於て、理想主義運動史の一端を纏められた譯である。[4]」

この会談で明らかになったことは、河合が『トーマス・ヒル・グリーンの思想体系』を構想するに至ったことが実は大正一四（一九二五）年、かれが最初のイギリス留学のときミュアヘッド教授宅に一泊し、そのときイギリス理想主義運動の歴史について書いた人がいないので「君がそれを書いてみないかと云はれた。」ことが契機になっていたことである。『トーマス・ヒル・グリーンの思想体系』の第一巻の第二章「千八百七、八十年代の英国（上）」、第三章「千八百七、八十年代の英国（下）」、第四章「英国理想主義運動」の設定はミュアヘッドの助言を河合によって拡大解釈した構想であると見ることができる。さらに同書の第一四章「グリーン以後の思想界」も二〇世紀を展望したイギリス理想主義運動の歴史であると見ることができる。河合が一九二五年、最初の訪英によってミュアヘッド教授に会ったことは河合のグリーン研究の方針を決定する上において測り知れない、大きな意味をもっていた。そのとき河合は三四歳であった。『トーマス・ヒル・グリーンの思想体系』（一九三〇）が完成し、刊行されたとき、かれは三九歳であった。そして再渡訪英したときは四二歳であった。かれは二度目の欧洲旅行は主としてドイツに滞在し、カール・コルシュ氏と共にマルクス・エンゲルスの研究に時間をあてたといわれる。河合のこの研究旅行中（一九三二－一九三三）、日本では「五・一五事件」（陸海軍青年將校による犬養毅首相の暗殺）が発生した。河合は帰国後、「國家主義の批判」を昭和九（一九三四）年の初秋『改造』に発表する。時代はファシズムに対抗する自由主義の復活である。河合の自由主義に対し、大森義太郎、向坂逸郎は激しい攻撃を加え、時代は

「リベラリズム、マルクシズム、ファシズム」が相互に争う混乱状態を迎える。学生の中には懐疑と退廃の色が見え始めた。河合は昭和一〇（一九三五）年から学生叢書の刊行によって学生たちを救済しようとする。とくに、『学生に与う』（一九四〇）は学生に歓迎され、戦後になっても愛読された。

三　河合栄治郎のグリーン夫人訪問

㈠　河合がグリーン夫人を知るに至った経緯

河合栄治郎がグリーン夫人に会ったのは、大正一一（一九二二）年一一月から同一四（一九二五）年八月までの二年八ヶ月間のイギリス留学中のときであった。かれが夫人に会う機会を与えられたのはウェッブ教授夫人の紹介によるものであった。河合はこれについて次のように述べている。

「最後に僕はグリーン夫人に御目にかゝつたことを忘れてはならない。グリーンの未亡人がまだ生きて居られることは二三の人から聞いた。折悪しく適当な手蔓がなくて御目にかゝらずに居た。ある人は毎日曜に、ベリオル・コレッヂのチャペルに來られるから、其の時御話したらよいだらうと云つて呉れたが、それも變なので躊躇してゐた。所がウェッブ教授の夫人と御話をしてゐる時、偶然にグリーン夫人のことが話題に上つた。夫人はきつとあなたはオックスフォードの往來で御目にかゝつたに違いありませんよ、まだ達者でそれは美しい方です、今は婦人のコレッジのことで、よく私共と相談會を開きますと云ふ。御目にかゝりたいと云つたら、それは御易い事です、すぐに手紙を出しますから、直接夫人からあなたに御返事を御出しになりませうと云ふ。かうして僕は思ひがけなく夫人に御目にかゝることが出來た。(5)」

この中でウェッブ夫人が「婦人のコレッジのことで、よく私共と相談會を開きます」といっているのは、察するに、オックスフォード市にグリーン夫人等が中心になって「サマーヴィル・カレッジ」が一八七九年一〇月に開学されたので、このカレッジ（女性のみが入学できるカレッジ）の運営についての会合であっただろうと考えられる。因みに、グリーン夫人はA・E・W（婦人教育協会）の評議員であり、一九〇八年以来副会長であった。

(二) グリーン夫人の印象と学識

河合はグリーン夫人に会ったときの印象と会話の内容について次のように述べている。「夫人は八十二歳を迎へられた。グリーンが逝いたのが千八百八十二年だから、四十二年前に夫に別れた譯である。瘦ぎすな小柄な婦人で、如何にも若かりし時の美しさを偲ばせるやうなものを持つている。此の老年でありながら、耳は少し遠いが記憶は實によく、又難しい問答をパキパキ片付ける頭の良さに敬服した。今の御宅はグリーン生前の家と違つて、其の後幾度も引越をしたと云ふ。書物の一杯積まつてゐる室に導かれ、五十前の昔話に耽る。グリーンが影響を受けた方はと問うたら、ワーズワースの詩とカーライルの本でせうと云ふ。其の後愛讀したのはブラウニングの詩でしたと答へられる、之はあの時代の人々に誰でも共通の事の様である。哲学の方ではと云ふたら、御存じでせう、マスターのジョウェットからプラトーとヘーゲルとを教へられたのです。哲學の教授からは何も得ないやうです。あれまでオックスフォードの哲學の教授は、神學をやつた僧侶の勤めたもので、それからは何も得なかつたやうです。主人が教授になる時も、リベラルなものですから、大分故障があつたのですが、オックスフォードで始めて僧侶以外から哲学の教授になりましたと云はれる。洋行して獨逸に往かれた時、獨逸の學界から何を學んだでせうと云ふに對しては、實はあの洋行に就ては、私は何にも聞いて居りませんし、忘れて了つたのかも知りません、唯ドレスデンに往つて、誰かの演習に出たと云ふことを聞きました、それ以外獨逸での生活に就ては聞かないと。英國で同時代の獨逸の學者と何か關係がありましたかと問うたら、ロッツェはよく讀みました。それとエルトマンの哲學史をボサンケと共に少し譯したことがありましたが、それ以外カントやヘーゲルを除いては、同時代の人とは交渉はなかつたやうですと。即ち此の事は英國の理想主義運動が、獨逸の新カント派とは何等の連絡なしに、起つた事をよく語るものである。[6]」

いずれの答えも予想されるものであるが、グリーンがワーズワース、カーライル、ブラウニングから影響されていることを改めて知ることができるが、グリーンの著書の中ではこれら三人に言及したり、引用している部分はごく断片的である。そのポイントはこれからの検討されるべき点であろう。それにしてもグリーン夫人はグリーンの哲学思想の核心をよく知っていることに驚嘆させられる。

(三) 生前のグリーンの回想

グリーンはシジウィックと比べて寡黙であったことや墓地について夫人が次のように語ったと河合は述べている。

「夫人は色々の逸話を述べられた、永い間フェローをしてゐて非常に忙しかつたので、教授になつてからやつと勉強が出來ると云つて喜んだら、間もなく死んで了いました。宅はそれは話が下手でよくパルフォーア氏やシジウィック氏が遊びに來られて、あの人達がよく喋られるのに、宅は口籠つて中々言が出ないで、傍で見てゐて可笑しい位でしたと。又宅は御存じでせうが、教授以外にオックスフォードの市參事會員を勤め、又市民の教育の爲には大變働きました。死んだ時もオックスフォードの北部の人々が、是非選擧區の墓地に埋めて呉れと云うて、本來は外へ葬るべきであつたが、あすこへ埋めましたと云ふ。今ウォルトン・ストリートの墓地に、ジョウェット、ケヤードと墓を竝べて居る。やがて別室へ招ぜられたら、そこに澤山の額が懸つてゐた、あれは御存じでせう、宅の傳記を書いたネットルシップで、あの隣が同氏の好きなイタリアのマッツィーニの寫眞ですと。自分はグリーンと夫人との寫眞を一枚宛戴いた。(7)」

グリーンの墓地の所在地は正確には「ウォルトン・ストリート80番地」である。私は河合のこの記述を頼りに一九七二年五月九日㈫にこの墓地に行き、グリーン夫妻の墓前に跪ずき、黙祷を捧げ、感涙の気持で一杯であった。この墓地を知っている市民もグリーン研究者も少ないようである。グリーン夫人（Charlotte B.Green, 1842-1929）はブリストルの医師（J・A・サイモンズ）の末子。彼女の兄がベイリオル・カレッジでグリーンの四年後輩であった関係からグリーンを知るようになる。彼女の姪のマーガレットは「私の祖父はT・H・グリーン氏に対して愛情と尊敬の念とをもっていた。そして祖父が死ぬ直前最愛の娘チャーロッテとグリーンとの結婚を願ったと私は信じている。[8]」と回想する。グリーン夫人はグリーンが一八八二年三月に死亡するや間もなく秋を締切りとしてグリーン回想の原稿をかれの友人および親族に依頼した。彼女は送られてきた原稿をわかりやすくノートに書き直した。またグリーンが書いた論文の中で印刷されていない二つの「エラートン論文」を彼女は正しく書き直した。その他グリーンの家系、グリーンの臨終の様子、その他関係のある手紙の写し等を書いたものが三つの箱（「グリーンペーパー」）に収められている。ネットルシップは『グリーンの回想録』を書くに当たってグリーン夫人から多大の助言を得たといっている。夫人は明るく活動的な女性であり、アスキス首相夫人、ハンフリ・ウォード夫人、ジョウェット学長、E・ケアド学長等当時の一流女史や名士と交際があった。グリーン夫人の宗教観はグリーンのそれとほぼ一致しているように見える。彼女は最晩年に教会について次のように語ったといわれる。

「彼女は形式を軽蔑はしないけれども形式を通って、それらが具体化しようとする実在の心そのものにまで正しく進んでゆく聖パウロの力を幾分かもっていた。ある悩みをもった若い友人が彼女に『誰かが誠実に宗教を求めてその生活をしようとするならば、あなたはそれがある教会に属することについての多くの事柄であると考えますか』と尋ねたとき、彼女は直ちに『おお、私は決してそうは考えていません』と答えた。彼女はこの礼拝堂およびセント・ジャイルズ教会において誠実な参会者であったけれども、彼女はほんの一年か二年前に『私は教えのまわりに築かれてきたところのすべてのものを伴うことなしに実在に達したい気がだんだんとしてくる。わたくしたちはわたくしたちの内に精神を生々とさせておくならば、これに達することができ、自然および人間における美はすべてこうすることをわれわれに助けてくれる。』と云った。[9]」

註

(1)『河合栄治郎全集』第二巻、三八二頁。
(2) 同書　三九〇頁。
(3)『中島徳蔵先生』、中島徳蔵先生学徳顕彰会、昭和三七年、一三二－一三三頁。
(4)『在欧通信』河合栄治郎選集第五巻、日本評論社、昭和二三年、三〇一－三〇二頁。
(5) 同書　一六三－一六四頁。
(6) 同書　一六四－一六五頁。
(7) 同書　一六五頁。
(8) 行安茂『トマス・ヒル・グリーン研究』理想社、昭和四九年、一五六頁。
(9) 同書　一五八－一五九頁。

第八章　「グリーン以後の思想界」とデューイのプラグマティズム

一、デューイのプラグマティズムの台頭とグリーンの影響

デューイのプラグマティズの発展にグリーンが影響を与えたことは日本デューイ学会においてさえも注目されることは私以外にはあまりない。しかし、デューイの初期の思想形成期においてグリーンの理想主義が大きな影響を与えたことは、デューイの初期の論文や著作において明らかである。しかし、デューイの思想形成に影響を与えたもう一人の哲学者がいた。それは、周知のように、W．ジェームズである。その心理学はデューイの注目するところとなり、人間性を再検討するに至った。デューイがジェームズの心理学に注目し、人間性を再検討するようになったのは、人間は理性によって道徳的行為をするかという疑問をもっていたからである。人間の行動を動かすものは衝動であるとデューイは考える。ではデューイはグリーンの自我実現が衝動とどう結びつくことができると考えたのであろうか。グリーンの自我実現の原理は、すでに見てきたように、自然的衝動の合理的発展である。自然的衝動は理性と意志とを通して社会的善と結合することによって合理化される方向をとる。タイラー教授は、すでに見たように、この理論を「純化（昇華）」とよぶ。こう考えるとき、グリーンの自我実現は人間性の心

理学的考察によって再検討すべき余地は十分あったわけである。デューイはここに着目し、グリーンの理想主義を「実験的理想主義」へと発展させてゆく。これがかれの初期の出発点であったが、これは『批判的倫理学概要』（一八九一）、『倫理学研究—シラバス—』（一八九四）に現われる。そして『哲学の改造』（一九二〇）、『人間性と行為』（一九二二）において発展する。

河合栄治郎は、すでに見たように、大正七（一九一八）年農商務省の官吏として工場法々案の研究のためアメリカへ出張した。そのとき、ジョンズ・ホプキンス大学のスロニムスキー教授（哲学）と会い、グリーンの『政治的義務の原理』を紹介され、グリーン研究の端緒をつかむ。デューイはこの大学大学院に一八八二年に入学し、一八八四年に同大学に学位論文「カントの心理学」を提出する。そしてかれは一九〇六年にはアメリカ哲学会の会長を歴任していた。スロニムスキー教授はデューイの名前と名声とはよく知っていたはずであるが、河合はデューイの名前を知っていなかったように見える。翌年（一九一九）五月、河合は帰朝する。実は一九一九年二月九日、デューイは来日し、東京帝国大学において講義した。その内容は『哲学の改造』として一九二〇年に刊行された。デューイは一九一九年二月九日から同年四月二八日まで日本に滞在したから、河合はデューイの講義を聞くことはできなかった。しかし河合はデューイの存在と思想とを知ることはできたであろうが、デューイには無関心であった。河合の「グリーン以後の思想界」の中にはデューイの名前は出ていない。もし河合がグリーンのデューイへの影響を知っていたならば、必ずや「グリーン以後の思想界」の中にデューイが登場していたであろうと考えられる。スロニムスキー教授は河合の問題意識がデューイの哲学に合わないと判断していたのかもしれない。

グリーンの理想主義が二〇世紀においてどのように修正され、発展したかは河合にとっては大きな関心であったから、私は河合の「グリーン以後の思想界」を補足する意味において本章においてデューイのプラグマティズムの形成にグリーンの理想主義がどのような役割を果たしたかを検討してみたい。デューイは『哲学の改造』の中で、成長が唯一の道徳的目的であると主張する。河合がもしこの言葉を聞いていたならば、急いでかれは本書のみならず、初期のグリーンについてのデューイの論文(1)をも読んだろうことは火を見るよりも明らかである。

二　デューイの出発点

デューイは「トマス・ヒル・グリーンの哲学」(一八八九)を書いた後、『批判的倫理学概要』(一八九一)を刊行する。モートン・ホワイトは『デューイの道具主義の起源』(一九四三)の中で「デューイは一八九四年には最早自分自身をグリーニアンとは考えなかったけれども、かれの出発点であったのはグリーンであった。」という。(2)ホワイトは一八九四年がデューイの思想転換期であったという。この年はデューイの『倫理学研究―シラバス』(一八九四)が刊行された年である。いかなる意味でこの年がデューイにとって転換期であったのだろうか。転換とは何を意味するのであろうか。それはグリーンの理想主義に基づいて叙述された『批判的倫理学概要』にとって代わる「心理学的倫理学」の構築であった。それは行為の規準を行為の外にではなくて、行為の内に見出すことであった。カントは行為を判断する規準を道徳法則に、功利主義は「最大多数の最大幸福」に判断の規準を求めるが、デューイはこれに対抗し、行為を反省し、修正することによって行為を秩序づけることが次の行為を判断する規準であると考える。これはいかにして可能であろうか。かれはこの解決を次のように考える。

第一の方法はグリーンの自我実現論を批判した論文「道徳理想としての自我実現」(一八九三)に見出される。デューイはここで道徳の本質は「よさ」(goodness)という抽象的な目的のため行為をすることではないと主張する。もしこのように考えるならば、今なさんとする行為と「よさ」という目的とが分裂する。これは自己矛盾であるとデューイはいう。なぜかといえば今なしている行為は自我自身であるにもかかわらず、それがこの行為以外の目的のためになされることは不誠実であるからである。善の行為は行為をそれ自身としてなすことにある。デューイはこうした視点から次のようにいう。

「もし個別的行為がよさ一般のためになされるとすれば、そのときその限りにおいてそれは不道徳的になされる。なぜかといえば道徳は必要とされる行為をそれ自身の外にある目的への単なる手段に品格を下げることにあるのではなくて、行為をそれ自身のために、あるいは自我としてなすことにあるからである。いかなる行為もそれが注意を吸収するのでなければ、完全にはなされないことは簡単な心理学的事実であると私は考える。そこで行為をしながら、注意がよさという外的理想にも向けられなければならないとするならば、その行為は分裂を被らなければならない。もし行為がそれ自身のために、あるいは自我としてなされないならば、それは部分的になされているにすぎない。換言すれば、行為は善としてなされるべきであって、よさのためになされるべきではない。なぜかといえばある行為を善とよぶことはそれが充分な活動または自我であることを意味するからである。[3]」（・印はデューイによるイタリックの部分）

ここには河合の人格成長論に残されている問題（理想の自我と現実の自我とのギャップをいかにして解決するか）を解決する考え方が適切に示されている。その要点は行為と自我とが一体であるということである。このために要求されることは注意が行為と完全に一つになるということである。生活は諸行為や諸動作の連続であるが、人間はその一つ一つに対して無意識的に注意していない。たとえば高齢者が家で転倒し、手足や頭部を打ち、入院することがある。若い人でも車の運転に対する不注意から通学途上の児童の列に突入し、かれらに重傷を負わせたり、死亡させたりすることがある。事故は瞬時に起こる。ドラーバーも歩行者も瞬間に注意することが求められる。活動中は絶えざる注意と観察とが求められるが、瞬間の注意が完全に忘れられ、それ以外のことに関心が向いていることが問題である。動きながら注意を今の手足に向けていないことが問題がある。デューイは全自我（自分自身全体）が行為と一体になることとは「行為が注意を吸収する」ことであるという。ここで難しいことは動くことは注意や関心が自分自身によりもこれ以外の外界に向きやすいということである。たとえ外界に向いていてもそれにとらわれることなく今の自分自身に帰ることが難しいのである。これは自我と外界との間に無意識の隙間ができていることを示す。自我とはデューイにとっては全自我を意味する。これは知情意の統一とよばれてきた。それは具体的には心と身体との統一である。この統一は動いている人間に求められることであるから心身の絶えざる統一である。デューイが現在の活動は全自我の表現であるというのは以上のように考えることによって理解することができる。デューイは現在の活動と自我との関係を目的と手段との連続性に注目して次のようにいう。

「私は以下のようにいいたい。教育を後の生活への単なる準備として考えることを止めよ、そして教育を現在の生活の充分な意味となるようにせよ。そしてこの場合においてのみ教育は後の生活への真に準備となることをつけ加えることは外見上のパラドックスではない。それ自身のために進められる充分な価値をもたない活動は、別のことへの準備として極めて効果的ではない。現在の活動がその場合の充分な意味となるようにすることによってその活動は、事実、目的それ自身であって、それ自身を超えた何らかのものへの単なる手段ではなくて、それは全体となることによって未来の統合的行動の条件でもある。それはあらゆる行為が全体我の表現であることを要求する習慣を形成し、このような完全な機能化の道具を用意する。[(4)]」

三　デューイの新しい成長論と人間性の再検討

デューイの成長論は河合栄治郎の人格成長論に含まれる問題を解決する新しい理論として注目される。その問題とは、すでに指摘したように、理想の自我（人格）の実現と現実の自我とのギャップをいかにして克服するかということである。河合は全自我の躍動によって現実の自我を最高善にまで実現すると考えたが、この躍動の原動力は何であろうか。かれはこの力を理性と考えるが、理性が全自我を動かす力をもっているであろうか。人間の活動力は、デューイが主張するように、衝動にあると見る方が自然ではないだろうか。衝動は盲目的であると考えられやすい。デューイはこの点をどう考えたのであろうか。かれは衝動は調停作用をもっているとし、合目的的に自己修正し、発展する可能性をもつと考える。デューイは次のようにいう。

「子どもは自然的衝動によって明るい色の方へ手を伸ばす。その手はその色に触れ、新しい経験―接触の感じを得る。これらの感じは、次にはさらにある行動への刺戟となる。子どもは物を口に入れ、味わうなどする。換言すれば、あらゆる衝動の表現は他の諸経験を刺戟し、これらの経験は最初の衝動に反応し、それを修正する。このようにして引き出された諸経験が、引き起こす衝動に反応することは道徳的行為の心理学的基礎である。[5]」デューイはこれを「衝動の調停」(the Mediation of Impulse) とよぶ。この調整のアイデアはジェームズの心理学から示唆されたものであるとデューイは考える。デューイは衝動がこのような調整能力をもつのはその背景に全自我の自己実現が作用するからであるという。衝動は直接的には刺戟を呼び起こす心理学的メカニズムによって新しい行動を引き出すが、これは全自我が心身を組織化しようとする合理的要求をもつからである。この組織化の統合作用はデューイによれば衝動と知性の共働作用であると説明される。これら二つの能力は双生児であるとかれはいう。衝動が起これば自然に知性を呼び込むことによって次の経験へのチャレンジを合理的に方向づけ、行動となる。衝動と知性とを調停するためにはこれら二つの能力以外に感覚、過去の経験の反省、結果の予測、状況の観察と判断といった知的能力を総動員する必要がある。こうした組織化の能力をデューイは「全体我」とよぶ。要するに、全体我は心身の調整者である。

デューイは衝動とこれによって引き起こされた経験とを分離して考えることが一般の誤りであるという。これらを別々に考えることが多くの場合、道徳的判断の誤りの源泉であるとかれはいう。衝動と知性とが双生児であるというとき、デューイにとっては衝動が起これば必然的にその結果が予測されるのである。この予測にもとづいて衝動の軌道修正をすること—すなわち原衝動に帰ってその表現を修正すること—が衝動の調停の意味である。衝動と結果の予想とを有機的に結合し、新しい行動を方向づけることが「衝動の調停」の役割である。これは、すでに指摘したように、身体の諸機能に刺戟することによって具体的行動を新しくする。衝動と予測した結果とは一致する場合もあれば失敗する場合もあり得る。なぜかといえば新しい行動を遂行するに当たっては予想しない、偶然的諸条件に直面することがあるからである。従って失敗を含めて多くの経験をすることは、次の新しい衝動を合理的に方向づける役割と意味とをもつ。デューイはこれらを念頭におき、「衝動の調停」を次のように要約する。

「衝動の調停は(a)衝動を理想化し、それに価値を与え、行動の全体系の中で衝動の意味または場所を与え、そして(b)それをコントロールしあるいは方向づける。[6]」（・印はデューイによるイタリックの部分）

ここで注目すべきことは衝動の「理想化」をデューイが考えていることである。これは衝動の理性化である。私はこれを「衝動の合理化」とよんできた。実はこの考え方はグリーンの「自我実現の原理」の中に現われている発想である。河合栄治郎はグリーンのこの合理化に注目することなく、人格の実現を理性としてとらえ、抽象的に説明した。河合が理性を最高善としての人格を実現する原動力として主張したのはカントがかれに大きく影響していたからであった。そのため河合の人格主義とわれわれの感覚との間にギャップを与える結果となった。デューイはこれに答えるかのように、人間本性が衝動であることに注目し、衝動を理性と調和させたと見ることができるが、これはグリーンの「自我実現の原理」を媒介にすることによってであった。デューイが一八九四年を転機として「実験的理想主義の理論(7)」を主張するに至ったのは以上の経緯があったためである。

四　デューイの習慣形成論と自我の成長

デューイのプテグマティズムの成長論は理想の自我（人間の完成）を現実の自我に対して遠い将来に置き、これに接近するグリーンの自我実現論への疑問に端を発している。デューイはグリーンのこの理論に理解を示しながらもそこには内在的矛盾があるという。この矛盾はデューイによれば以下のように指摘される。自我実現の理論は欲求と意志とを出発点にし、具体的には自我と同一視される対象を実現することによって意志の満足を得る。しかしこの実現は自我の道徳的理想に至る一段階にしかすぎない。この段階においては理想の自我は完全には実現されていない。そこには意志が求める自我の満足と理性が要求する人間の完成とは一致していない。自我は不満足の状態にある。究極的目的の理想と現実の自我との間にはギャップがある。デューイはこの矛盾を解決するために、衝動とこれによって引き起こされる行動との調停を基礎にし、経験によって人間は成長すると考える。この経験は失敗、誤り、挫折等を含む。

従って成長とはこれらの諸経験をどう解釈し、どう生かすかにかかっているとされる。デューイは次のようにいう。

「誤りは悲しむべき、単なる不可避の出来事でもなければ、償われ、許されるべき道徳的罪でもない。それらは未来におけるよりよき方向について知性と教えとを間違って用いる方法の教訓である。それらは修正、発展、再調整の指示である。諸目的は成長する、判断の標準も改善される。(8)」

デューイは「誤り」を前向きにとらえる。かれは「不可避」の絶対的結果としてそれを見ない。それらは成長の次のステップとして考えられるものであるという。人間は「誤り」を学習においてのみならず、人間関係の判断においてもすることがある。そのため人から低く評価され、ときには劣等感を感ずることもある。これらをどう受けとめるべきか。デューイはそれは明日に向かって「よりよき方向」を示す教訓であり、「修正、発展、再調整の指示」であるという。問題は人間が、子どもであれ大人であれ、誤りを事実として冷静に受けとめるかどうか、次の改善に向かって第一歩を直ちに歩むかどうかである。人間は事実を知ったからといって直ちに行動の第一歩を踏み出すとは限らない。ここに知ることと実行する意志とのギャップがある。この自己認識が改めて求められる。ここで注目すべき点はデューイが衝動による習慣の再組織を重要視していることである。人間は過去の習慣によって行動する。それはよいこともあればよくないこともある。デューイは習慣は固定化しやすく、過去の習慣は新しい習慣形成に抵抗する。そのために改善すべきことを知ってはいてもこれに向かって第一歩を踏み出すことができない。この壁を打破するものは衝動であるとデューイはいう。かれは衝動を再組織化する支えであるという。衝動はデューイにとっては生きる力の中心であるが、それは思考の助けを得なければ諸活動を再組織化することはできないという。

デューイは以上の観点から「悪い人間」と「善い人間」との違いを以下のように説明する。「悪い人間とは、かれが今までいかに善かったとしても今堕落し始め、次第に成長しなくなり始めている人間である。善い人間とはこれまでかれがいかに道徳的に価値がなかったとしても、今よりよくなろうと動いている人間である。[9]」デューイはこれ以前の一八九四年の段階においてすでに以下のようにも述べている。「一言でいえば、よい人間とはかれの諸行為の一つ一つにおいてかれの全自我である。悪い人間とはかれの行為において部分的な(従って違った)自我である。かれは一人の人格ではない。なぜかといえばかれは統一原理をもっていないからである。(『ふしだら、ばらばら、当てにならない、変わりやすい、誠実に欠ける、表裏がある、よこしまであり、卆直でなく、卑劣』等の表現と比較せよ。[10]」以上の二つの引用文の中の前者は『哲学の改造』(一九二〇)において、後者は『倫理学の研究―シラバス―』(一八九四)において述べられた思想である。後者においては人格の統一原理の観点から全体我が主張され、前者においては衝動の習慣形成の観点から「善い人間」と「悪い人間」との質的相違が論じられる。デューイの思想が全自我の視点から習慣形成の視点へと変化していることを発見することができる。

とくに『哲学の改造』においては人間の誤りや失敗が過去から現在に至る習慣の中で論じら

れ、いかにして古い習慣から新しい習慣が形成されるかが、問題にされる。この点を明確に論じたのが『人間性と行為』（一九二二）である。このようにしてデューイは人間性に注目し、衝動と習慣との密接不可分の関係を考えることによって道徳的行為を新しく考える。そこには「なすことによって学ぶ」（learning by doing）という視点が示されている。これはデューイのプラグマティズを最もよく示している。なすことは「現在の活動」であり、それは全自我の表現である。その一つ一つは、すでに見たように、意味と価値とをもつ。それは遠い目的への単なる手段ではない。現在の活動は心身一体の表現である。だからそれはデューイにとってはそれ自体が成功であり、幸福である。これらは成長のプロセスである。デューイは次のようにいう。「静的な結果よりもむしろ成長、改善、進歩のプロセスが意味のあることとなる。一度固定した目的としての健康ではなくて、健康における必要な改善—絶えざるプロセス—が目的であり、善である。」「最終的なゴールとしての完成ではなくて、完成しつつあり、仕上げつつあり、純化しつつある、絶えざるプロセスが生きることの目標である。正直、勤勉、節制、正義は健康、富、学問と同様に、それらが達成されるべき固定した目的を表現するならばそうであろうように所有されるべき善ではない。それらは経験の質の変化への指示である。成長それ自身が唯一の道徳的目的である。[11]」

河合栄治郎の成長論はただ人格の実現への努力を力説するのみであって、成長を経験のプロセスにおいて考えていない。河合は富、学問等を最高善の手段として見るが、デューイはそれらを得ようとする活動それ自身が成長であると考える。この活動は最高善への手段ではない。

その活動は心身の統一の表現である。これは現在における百パーセントの活動である。それは目的と手段との連続的な現在の活動である。

註

(1) デューイは初期においてグリーンについての三論文を発表している。三論文とは「トマス・ヒル・グリーンの哲学」（*Andover Review*, XI, 1889）、「グリーンの道徳的動機論」（*Philosophical Review*, I, 1892）、「道徳的理想としての自我実現」（*Philosophical Review*, II, 1893）

(2) Morton G. White, *The Origin of Dewey's Instrumentalism*, Octagon Books（1943）、Second Octagon Printing 1977, P.113.

(3) *The Early Works of John Dewey*, 1882, 1898, 4, Southern Illinois University Press, 1971, P.52.

(4) *Ibid.* P.50.

(5) *Ibid.* PP.236-237.

(6) *Ibid.* pp.238-239.

(7) *Ibid.* P.264.

(8) *The Middle Works of John Dewey*, 1899-1924, Volume 12, Southern Illinois University Press, 1982, p.180.

(9) *Ibid.* PP.180-181.

(10) *The Early Works of John Dewey* 4, p.245.

(11) *The Middle Works of John Dewey*, 12, p.181.

第九章　河合栄治郎に影響を与えた新渡戸稲造の理想主義とその限界

一　新渡戸稲造の人と思想

河合が第一高等学校在学中理想主義の影響を受けた恩師が二人いた。云うまでもなくその二人とは新渡戸稲造（一八六二－一九三三）と内村鑑三（一九六一－一九三〇）とである。河合が一高に入学したのは明治四一（一九〇八）年であり、新渡戸が京都帝大から東大へ転任し、一高の校長になったのは明治三九（一九〇六）年頃であった。河合は入学後「二年ほど前に新渡戸稲造博士が京都帝大から東大へ轉任されると共に、一高校長を兼任された。博士はそのキリスト教とその個人主義とその博い教養とを以て、いかに傳統の固い一高を新しき方向に導くかと云ふ點で、當時の教育界の注目を負うて一高に赴任されたのである。運動部を始め多数の一高生は、不安と反感とを以て新校長を迎へたであらう、唯辯論部は博士に於て最もよき指導者を見出したのである、その先輩は今に至るも新渡戸門下であり、博士は辯論部に於て恰好の地盤を見出したであらう。[1]」と当時を回想している。

河合が新渡戸の思想に触れ、感動したのは以下のような機会においてであった。河合が入学後、半年ほど経過した頃、新渡戸校長彈劾演説が運動部の末弘嚴太郎（当時大学生）によってなされた。河合はこれに対する新渡戸の弁明を聞き、強い感動を受けたと以下のように語る。「私はまだ校長を直接知らなかつた、又辯論部の先輩とも格別の交際もなかつた、私は中學時代の私そのまゝであつた、その故に私も亦無批判的な無反省な校長反對派の一人であった。所がその夜校長が演壇で爲された一身上の辯明は、千餘の寮生に感激の涙を流さしめた、私も亦その一人であつた。後になつてその時の博士の態度に就て、多少の反動が來たけれども、少くともその當時に於ては、此の事件は私の方向を決定した、新渡戸校長と辯論部とへと今は意識して反省して、私は辯論部の思潮に身を投じたのである、それから私の生涯は轉向的の影響を與えられた。(2)」

こうして河合は新渡戸の思想に引きつけられ、新しい自己を発見するが、新渡戸の思想とは何であったのであろうか。河合はそれが理想主義であったとし、これを以下のように説明する。「私の中の一つの自己は從來の自己を鞭撻し激勵する自己であつた。博士はよく to be or to do と云ふ言葉を使はれた、人の價値はその爲した事業の結果にあるか、人その人にあるかと云ふ意味であるが、云ふまでもなく博士は to be の方を肯定されたのである。最も價價あるものは、名譽でも富でもなく又、學問でも事業でもなく、彼れの人格に在ると云ふ彼の理想主義は、私に教へられた。私の價價の判斷は轉倒した、從來の私は死んで新しき私は生れた。私のその後が實踐に於て理想主義に値したかどうかは保證しない、又當時の理想主義が決して組織的なものでも體系的のものでもないことは當然である、だが理想主義が私の確守すべき人生觀であることだけは、爾來今日に至るまで變らなかつた。(3)」

以上のように、河合は新渡戸校長から人間としてのあり方は to be の生き方にあると教えられる。それは人間の行為の結果よりも動機が何であるかを問う人生観であった。これが河合の求めた理想的な生き方であった。改めて二〇歳前後は人生の転換期であるということである。これはJ・S・ミルの場合においてもそうであった。河合は新渡戸校長との出会いにより古い自己から新しい自己への転換に気づいたのであり、それはかれの生涯を支配する指導原理であった。

新渡戸が亡くなったのは昭和八（一九三三）年であった。河合は新渡戸博士を回想した「新渡戸稲造博士」という論文を発表した。河合はこの中で新渡戸の人物像を、その長所と短所の両面から説明している。新渡戸の功績として河合は社会教育の啓発にあったとして以下の三点をあげる。第一は日本を外国に紹介したことである。それは英文の『武士道』（一八九九）である。これが評価されるのは「國家としての日本でなしに、國民としての日本を、世界の市民が理解せざるべからざる様に導いた。」と河合は評価する。[4]第二は大学拡張運動への貢献である。「博士は勇ましく書齋から街頭に出て、難しい理窟を平易な言に砕いて、社会教育に着手した。[5]」ことである。とくに新渡戸は婦人の自覚を促し、婦人教育の重要性を提唱したことである。その成果は東京女子大学長として結晶したと河合は評価する。第三は「國際心」を日本に鼓吹したことである。「それは一つは基督教から來、數次の外國生活から得、殊に外國人たる夫人からえたものであらうが、自國あるを知つて他國を知らないやうな見解を排して、廣い國際的精神を教えた。[6]」

新渡戸博士は学校において、社会において崇拝者がいると共に熾烈な反対者をもったといわれる。その原因は博士の性格にあるとして以下のようにいう。「私の見る所によれば、博士は確かに非難を受くべき弱點を自身に持つてゐた。その一つはその意志の弱いことである。博士の性格の中には深さとか強さとか太さとか云ふものは少い、寧ろ女性的な弱さと細さがある。博士は社會の批評に頓着なしに、邁進しうる程の強い人ではなかつた、博士は人の評判が氣になつたのであらう。之を無視しえない所にその人懷しさがあると共に、之から超越しえない所に囚はれた一面がある。博士が演説中に屢々自己を嘲つたり、世間に皮肉を云つたりするのは、之から來てゐるのである。弱さから來る結果の一つとして、博士の進退の拙いことが擧げられる。一高校長の辭職當時の如きそれである。博士は辭めたい〳〵と口癖に云つたのであらう。それではと云ふので文部省が瀬戸校長を任命した時に、博士は愚痴を止めなかつた。辭めたかつたのも虚僞ではなかつたらう、然しかうした場合に確たる進退が採れない所に博士の弱さがある。その次に博士には粗漫な一面があつて、自己の地位や職を輕く見る。一高校長でありながら、台灣に旅行したり米國に往つたり、大學の教授でありながら大學よりも外のことで熱心であつたりするのは、屢々博士に見受けられた。之は必ずしも悪意にのみは解せまい。呑氣な所から來ようが、又他面に於て一事に全力を傾注すると云ふやうな獻身的な性格でないことは事實である。淡泊悪く云へばルーズな所が、博士の教える人格主義の教育と著しく矛盾を感ぜしめる。第三に博士の心には、多少なりとも虚榮心があり、人の評判になつて喜ぶ名聲慾がありはしなかつたか。假令一部の反對者が云ふ程ではないとしても、多少でも之がなかつたとは云ひ切れまい。こ等の弱點が合して一部の非難を招くことになつたのであらう。[7]」

以上の批判が適切であったかどうかを判断する資格は私にはないが、参考にはなる。

二　新渡戸稲造の『武士道』と「神戸事件」

河合栄治郎は『学生に与う』の「はしがき」の中で次のように述べているところを見ると、かれは武士道に関心をもっていたと見ることができよう。

「われわれの祖先は武士道の名において、自己の進退を律する規準を所有していた。彼らの眼は常に君公の上にあった、彼らは阿諛追従《あゆついしょう》をきらって、面《おもて》を犯して直言する誠実をもっていた、彼らは自己の職分を果たしえなかった時に、腹を切って申しわけをする責任心を心得ていた。われわれの祖先の誇りとした武士道は、明治の時代にもまだ、政治家の中に、官吏の中に、学者の中にはたらいていた。士魂商才《しこんしょうさい》といわれて、経済の中にさえはたらいて、日本の資本主義を特異のものたらしめたのである。古《いにしえ》の武士道が今日の生活に、そのままに妥当するとは思われない、しかしあの中に今日においてもなお、保存してほしい輝かしいものが含まれている。日本精神の叫ばれる今日、あの武士道の精神は地に塗《まみ》れていはしないか。一言にしていえば、今日の日本には精神的の弛緩《しかん》がある。[8]」

河合が『学生に与う』を書いたのは一九四〇年五月一九日である。世はあげて皇紀二六〇〇年記念の祝いの歌と国旗によって日本が鳴り、響いているときであった。他方、学生はファシズム、マルクス主義、軍部の台頭（二・二六事件、日中戦争）の対立的世相の中に不安と懐疑とによって動揺を隠くし切れない心の状態であった。河合はこうした状況にあって本書を書き、学生に生きる勇気と希望とを与えようとしたのであった。

さて新渡戸稲造が『武士道』を書いたのは一八九九年（明治三二年）であった。本書は英文で Bushido, The Soul of Japan と題して刊行され、日本人の道徳的精神を外国の人々に知らせるのが目的であった。

私は本書の第一二章「自殺および復仇の制度」の中で紹介されている幕末の武士（滝善三郎）が切腹をどのようにして成就したかについての文章を引用したい。実は滝善三郎（当時三二歳）は備前岡山藩の武士であって、その生家は私が学んだ岡山県旧制金川中学校の裏門から約三〇メートル離れた旧金川町に生まれた。一八六八年一月一一日、新政府は京都、大阪の入口となる西宮警護を岡山藩に命じた。岡山藩は兵二〇〇〇人の派遣を決定し、家老日置帯刀《ひきたてわき》隊三四〇人が神戸村を通りかかったとき、隊列を横切ろうとする外国人に、砲術隊長の滝善三郎が大声で注意をしたが、あきらめない外国人に身ぶり手ぶりで制止する。三宮神社前へさしかかった時、隙を突いて一人のフランス人水兵が押し渡った。滝善三郎は「無礼者」といってとっさに槍《やり》で水兵を突いた。背中を負傷した水兵は近くの民家に逃げ込み、短銃を構えた。滝善三郎の部隊もこれに応じて威かく射撃を行う。英仏米の軍艦から陸戦隊が上陸し、藩兵を攻撃し始めた。これが「神戸事件」である。新政府（伊藤博文）側は英国公使パークスの剣幕に押され、責任者の死罪を認めてしまう。こうして滝善三郎の切腹が一八六八年二月九日、神戸の永福寺で行われた。このときの様子をイギリスのミッドフォードが書いた本が『旧日本の物語』である。
新渡戸はこの本から次のように引用している。

我々（七人の外国代表者）は日本検使に案内されて、儀式の執行さるべき寺院の本堂に進み入った。それは森厳《しんげん》なる光景であった。本堂は屋根高く、黒くなった木の柱で支えられていた。天井から仏教寺院に特有なる巨大なる金色《こんじき》の燈籠《とうろう》その他の装飾が燦然《さんぜん》と垂れていた。高い仏壇の前には床の上三、四寸の高さに座を設け、美しき新畳《にいだたみ》を敷き、赤の毛氈《もうせん》が拡げてあった。ほどよき間隔に置かれた高き燭台《しょくだい》は薄暗き神秘的なる光を出し、ようやくすべての仕置《しおき》を見るに足りた。七人の日本検使は高座の左方に、七人の外国検使は右方に着席した。それ以外には何人もいなかった。

不安の緊張裡に待つこと数分間、滝善三郎は麻裃《あさかみしも》の礼服を着けしずしずと本堂に歩みいでた。年齢三十二歳、気品高き威丈夫であった。一人の介錯《かいしゃく》と、金の刺繡《ししゅう》せる陣羽織を着用した三人の役人とがこれに伴った。介錯という語は、英語のエクシキューショナー executioner（処刑人）がこれに当る語でないことを、知っておく必要がある。この役目は紳士の役であり、多くの場合咎人《とがにん》の一族もしくは友人によって果され、両者の間は咎人と処刑人というよりはむしろ主役と介添《かいぞ》えの関係である。この場合、介錯は滝善三郎の門弟であって、剣道の達人たる故をもって、彼の数ある友人中より選ばれたものであった。

滝善三郎は介錯を左に従え、徐《しず》かに日本検使の方に進み、両人共に辞儀をなし、次に外国人に近づいて同様に、おそらく一層の鄭重《ていちょう》さをもって敬礼した。いずれの場合にも恭《うやうや》しく答礼がなされた。静々と威儀あたりを払いつつ善三郎は高座に上り、仏壇の前に平伏すること二度、仏壇を背にして毛氈の上に端坐し、介錯は彼の左側に踞《うずくま》った。三人の付添役人中の一人はやがて白紙に包みたる脇差をば三宝―神仏に供え物をする時に用いられる一種の台―に載せて進み出た。脇差とは日本人の短刀もしくは匕首《あいくち》であって長さ九寸五分、その切尖《きっさき》と刃とは剃刀《かみそり》のごとくに鋭利なるものである。付添は一礼したる後咎人に渡せば、彼は恭しくこれを受け、両手をもって頭の高さにまで押し戴《いただ》きたる上、自分の前に置いた。

再び鄭重《ていちょう》なる辞儀をなしたる後、滝善三郎、その声には痛ましき告白をなす人から期待せらるべき程度の感情と躊躇《ちゅうちょ》とが現われたが、顔色態度は毫《ごう》も変ずることなく、語りいずるよう、

「拙者唯だ一人、無分別にも神戸なる外国人に対して発砲の命令を下《くだ》し、その逃《のが》れんとするを見て、再び撃ちかけしめ候。拙者今その罪を負いて切腹致す。各方《おのおのがた》には検視の御役目御苦労に存じ候。」

またもや一礼終って善三郎は上衣を帯元まで脱ぎ下げ、腰の辺まで露《あら》わし、仰向《あおむけ》に倒れることなきよう、型のごとくに注意深く両袖を膝の下に敷き入れた。そは高貴なる日本士人は前に伏して死ぬべきものとせられたからである。彼は思入《おもいいれ》あって前なる短刀を確《し》かと取り上げ、嬉しげにさも愛着するばかりにこれを眺め、暫時最期の観念を集中するよと見えたが、やがて左の腹を深く刺して徐《しず》かに右に引き廻し、また返して少しく切り上げた。この凄《すさま》じくも痛ましき動作の間、彼は顔の筋一つ動かさなかった。彼は短刀を引き抜き、前にかがみて首を差し伸べ

た。苦痛の表情が始めて彼の顔を過《よ》ぎたったが、少しも音声に現われない。この時まで側に踞《うずくま》りて彼の一挙一動を身じろぎもせずうち守っていた介錯は、やおら立ち上り、一瞬大刀を空に揮《ふ》り上げた。秋水一閃《しゅうすいいっせん》、物凄《ものすご》き音、鞺《どう》と仆《たお》るる響き、一撃の下に首体たちまちその所を異《こと》にした。

場内寂《じゃく》として死せるがごとく、ただ僅かに我らの前なる死首より迸《ほとばし》りいずる血の凄じき音のみ聞えた。この首の主こそ今の今まで勇邁剛毅《ゆうまいごうき》の丈夫たりしに！　懼《おそろ》しい事であった。介錯は平伏して礼をなし、予《かね》て用意せる白紙を取り出して刀を拭い、高座より下りた。血染の短刀は仕置の証拠として厳《おごそ》かに運び去られた。

かくて御門《みかど》の二人の役人はその座を離れて外国検使の前に来り、滝善三郎の処刑滞《とどこお》りなく相済《あいすみ》たり、検視せられよと言った。儀式はこれにて終り、我らは寺院を去った。(9)

三　河合栄治郎の「修養」と新渡戸稲造の修養論

河合栄治郎は『学生に与う』の第二部の「私たちの生き方」の中で「修養」について述べている。この中でとくに注目されることはエゴチストのエゴーが問題にされていることである。かれは「エゴイスト」と「エゴチスト」とを区別する。前者は利を求める人であり、独占的自己中心主義を意味する。これは強情なタイプでもあるという。エゴチストは理想の自我に向かって現実の自我の成長を第一にに考えるのではなくて、この努力から逃避する人であると河合はいう。なぜ「逃避」へと関心が向かうのであろうか。それは「理想の自我」と「現実の自我」との間にギャップがあり、これを克服することよりも世間の評判に合わせるように作爲するからである。河合は次のようにいう。

「エゴチストのエゴーは現実の自我である。彼が現実の自我を理想の自我と対比させているならば、彼には謙遜が現われる。しかし彼は理想の自我によって、現実の自我を肯定しているのでないから、現実の自我に塡めがたき空虚を覚える。この空虚を塡めるために、彼は理想の自我との対比に求めないで、現実の自我に対する他人の態度に求める。他人の前に、自己を特出(distinguish)することにより、いささか自己の存在を自覚して楽しもうとするのである。そのあるものは他人の前に、自己の優越を求める。しかし自己の実力に自信をもてないものは、たとえ劣等な道化役なりとも、他人と異なる存在をもたねば承知できない。いずれにしても自己を持出しうるからである。[10]」

問題は現実の自我を理想の自我と対比するとき、意識のギャップはないのかということである。かれはギャップを認めながら理想の自我に向かってゆく自我を考えているが、この努力はギャップの意識を含んでおり、この緊張は崩れ、「空虚」を感ずる可能性は十分あり得る。河合はこの問題をどうし解決したであろうか。われわれはこの問題についてすでに検討してきたが、かれはこれに最終的答えをしていないことを指摘してきた。かれがもし新渡戸稲造の『修養』を読んでいたならば、かれは「黙思」の意義を認め、これを「修養」の項目の中で生かすことができたであろうが、これに注目していない。新渡戸は一高校長のとき、学生に to do よりも to be の大切さを教えた。これは行為の結果よりも動機が大切であることを説いたものである。その根底には「默思」があった。默思は自然に帰れということである。新渡戸は友人から「人生の目的は何か」と問われたとき、以下のように答えた。「僕は在《あ》ること（to be）で爲《な》すこと（to do）は第二であると云つたことがある。友人は首《くび》を傾《かたむ》けて、暫《しばら》く沈思《ちんし》して居《ゐ》たが『あ、、そうか、それで始めて君《きみ》の素行《そかう》が分《わか》った』といふた。是《これ》は僕が敢《あへ》て誇《ほこ》るのではない。寧《むし》ろ僕の無能《むのう》を自白《じはく》することである。to be といへば to do good 即《すなわ》ち善《よ》き人であれといふことで、to do といへど to do good で善《ぜん》を行《おこな》ふことでである。一は結果《けつくわ》を生ぜないが、他《た》は結果《けつくわ》を生ずる。度々引用《たびたびいんよう》するが、古歌《こか》に

うつすとは月《つき》も思《おも》はすうつるとは
水《みず》も思《おも》はぬ廣澤《ひろさは》の池《いけ》

とある。月《つき》は水《みず》に映《うつ》らんとして、映《うつ》るのでない。水《みず》も月《つき》を映《うつ》さんとして、流《なが》れてをるのでない。流《なが》れてをる間《あいだ》に、月《つき》が自然《しぜん》に映るのである。to be といふのは月《つき》が自然《しぜん》に水《みず》に映《うつ》り、水《みず》が自然《しぜん》と月《つき》を宿《やど》すが如《ごとき》ことである。(11)」

人生をこのように見ることができるのは新渡戸によれば「沈思默考」による。これはキリスト教の祈りであるとかれはいう。これによって人間の真のあり方・生き方が見えてくるとかれはいう。「靜《しずか》に默思《もくし》させることは、心《こころ》の修養《しうやう》に益《えき》することが多大《ただい》である。(12)」とかれはいう。これは坐禅に似ている。新渡戸のキリスト教の信仰の背景には禅宗の影響があった。新渡戸は幼少時代を回顧して次のようにいう。

「僕は幼年時代《ようねんじだい》にかういふ話《はなし》を聞《き》いた。僕《ぼく》の祖父《そふ》が、或《あ》る時禪僧《ときぜんそう》に向《むか》つて、坐禪《ざぜん》とは如何《いか》な

るものかと聞《き》いた時《とき》、その僧《そう》が坐禪《ざぜん》といふても結跏趺坐《けつかふざ》することではない。お武家《ぶけ》さんでも、さあといふときには、總《すべ》て實行《じつかう》して居ることである。例《たと》へば武士《ぶし》が敵味方《てきみかた》と分《わか》れ、白刃《はくじん》を閃《ひらめ》かして切《き》り結《むす》ぶときは、如何《いか》に大膽《だいたん》な人《ひと》でも、殆《ほとん》ど夢中《むちゅう》になつて、對手《あいて》の姿《すがた》も分《わか》らねば自分《じぶん》の立《たち》場《ば》も分《わか》らなくなり、敵《てき》の隙《すき》を見《み》て乘《じょう》ずることも出來《でき》ない。併《しか》しこの時、若し一歩《ぽ》退《しりぞ》いて見《み》ると、忽《たちま》ち對手《あいて》の隙《すき》も見《み》へ、心《こころ》も持直《もちなお》される。この一歩《ぽ》退《しりぞ》く工夫《くふう》をするのが即ち坐禪《ざぜん》であるといふたさうである。即《すなわ》ち奮鬪的生活《ふんとうてきせいかつ》から一歩退《いっぽしりぞ》いて、靜《しずか》に自分《じぶん》の身《み》の上《うえ》を心《こころ》の中《うち》に反省《はんせい》し、自分《じぶん》の態《たい》度《ど》を正《ただ》すのが一種《しゅ》の坐禪《ざぜん》ではあるまいか。つまり坐禪《ざぜん》といふのも、靜かに世《よ》の中《なか》を去《さ》つて默思《もくし》するのである。(13)」

以上のように見てくると、新渡戸は幼少の頃から坐禅をしたかどうかはわからないが、祖父からの影響により坐禅が頭の中に入っていたと見える。それが「沈思默考」と結びつき、これがさらにキリスト教の祈りとも結びついたと見ることができる。これが新渡戸の理想主義の根本精神であったといってよい。河合が新渡戸からこの宗教的基礎を受容し、理想主義の原理としていたならば、理想の自我と現実の自我との間の意識のギャップからくる空虚の隙間を克服することができていたであったろうと考えられる。しかし、河合はキリスト教に対しては一定の距離を置いており、坐禅との縁もなかった。この点に新渡戸稲造の理想主義を河合が受容する限界があったと見ることができる。

註

(1) 河合栄治郎編『学生と教養』日本評論社、昭和一一年、昭一三年第六版、二九〇頁。
(2) 同書　二九一－二九二頁。
(3) 同書　二九三－二九四頁。
(4) 河合栄治郎『第一學生生治』日本評論社、三〇八頁。
(5) 同書　三〇八頁。
(6) 同書　三〇九頁。
(7) 同書　三一二－三一四頁。
(8) 河合栄治郎『学生に与う』社会思想社、一四－一五頁。
(9) 新渡戸稲造（矢内原忠雄訳）『武士道』岩波文庫、一九九二年第四六刷発行、一〇一－一〇三頁。
(10) 河合栄治郎『学生に与う』、二五六頁。
(11) 新渡戸稲造『修養』實業之日本社、大正一一年、縮版第七九版、五〇〇－五〇一頁。
(12) 同書　四七六頁。
(13) 同書　四七九頁。

第一〇章　河合栄治郎の自我成長論と芸術

一　河合栄治郎の哲学遍歴

周知のように、河合は大正四（一九一五）年、東京帝国大学経済学部を卒業した後農商務省に入り、大正七（一九一八）年工場法々案研究のため約一年間アメリカに出張する。大正八（一九一九）年帰国後、工場法案起草に際し、上司と意見が合わず、同年一一月、農商務省を辞任する。大正九（一九二〇）年六月、東京帝国大学経済学部助教授に任ぜられる。二九歳のときであった。このときからイギリスの社会思想や哲学の研究を本格的に始める。従ってかれの研究は少し晩学であったかもしれない。かれはT・リップス（一八五一－一九一四）からグリーンへと関心を拡げて行った経緯について次のように回顧する。少し長いが紹介したい。

「私は東京の中流商人の家に生まれて、およそ宗教とか哲学とかは縁の遠いものであった。それで中学、一高、大学を通じて、歴史書は相当に読み、大学では科学の勉強もしたけれど、哲学というものとは依然として無縁で、私もこれが自分の弱点だと考えていた。そして弱点だからいっそう補足せねばならないと思った。それが私を哲学に向けた理由で、今でも素人《しろうと》ではあるが、多少なりとも哲学的に考える傾向をもったのは、自分の弱味がかえって自分をそちらに向けたからであった。私に哲学的思索への刺激となったのは、大学の卒業少し前に読んだ阿部次郎の『三太郎の日記』であった。あの執拗な自己反省、論理的に精緻《せいち》な表現が、私を魅惑した。さらに卒業後間もなく手にした氏の『倫理学の根本問題』は、私に倫理学への興味を喚起した。今でも自分の考え方はリップスから教えられたところが多い、そしてこの二書において、私は阿部次郎氏に厚い学恩を負っているのである。リップスのあの本（*Die ethischen Grundfragen*）はいろいろのものを私に与えたが、初めて読んだ時に感心したのは、利己と自己とを区別したこと、善とは人間の強さであって弱さは善の反対だという二つの点であった。その後、大学を出てから役人をしたりしていたので、私の進歩は遅々たるものであった。私が哲学書に親しみだしたのは、大学に帰ってから三十を超えてからであった。リップスの後に私の思想に一番影響したのは、グリーンの『倫理学序説』（*Prolegomena to Ethics*, 1883）と『政治的義務の原理』（*Principles of Political Obligation*, 1901）とである。グリーンの後輩ブラッドレーの『倫理学研究』（*F.H.Bradley, Ethical Studies*, 1876）もまた私を感動させたものの一つである。頭脳の明断と表現の暢達《ちょうたつ》なることは、ブラッドレーとリップスとは似ていて、グリーンよりも優《すぐ》れていると思うが、グリーンの本は難渋だけれども、読者といっしょに苦しみ悩んでゆく様が見える。グリーンによって私はプラトー、ソクラテスに紹介され、カントとフィヒテの門を開かれた。(1)」

河合はこうして『トーマス・ヒル・グリーンの思想体系』（一九三〇）を刊行する。かれは日本でのグリーンの主著の訳者である西晋一郎訳『グリーン氏倫理学』（金港堂、明治三五年）の文献紹介はしているが、本書の解説書である、西晋一郎「グリーン氏倫理学」（『倫理学解説』下　東京育成會、明治三四年）にはふれていない。昭和七（一九三二）年には友枝高彦・近藤兵庫訳『グリーンとその倫理学』（培風館）が刊行された。昭和期に入ってから河合および友枝・近藤らによってグリーン研究書が現われたのは、一つにはマルクス主義の台頭に対抗し、理想主義の倫理思想を世に啓発する必要があったからである。友枝・近藤は先の訳書の「序」において次のように述べている。

「近時マルクス主義の運動盛んとなり、遂に思想國難の問題を惹起するに至つたのであつて、思想界は固より一般社會に及ぼす悪影響は、往時の功利主義などと日を同じうして語ることは出來ない程である。今や吾々は、グリーンが功利主義に對してなしたところを、マルクス主義に對して、更により以上の力を以てなせねばならぬ時である。固よりグリーンの學説その儘の復活によつてその目的を達しようとは考へないとしても、尚こゝにグリーンの學説を再吟味して、現代の思潮を検討し、綜合の第三見地を樹立することは、望ましいことであらう。されぼグリーンの倫理學序論を熟讀精考することは、世の風教に關心をもつ人々にとつて必須であると謂はなければならぬ。」

河合も反マルクス主義の立場からグリーンを評価し、自己の思想体系を確立しようとしたのは大正末期から昭和初期に台頭したマルクス主義に対抗する理想主義の理論が急務であったからである。

二　自我の成長とは何か

河合の自我の成長とは人格を目標として現実の自我を成長せしむることである。かれはこれが最高価値であるという。ここで注意すべきことは人格も最高価値（最高善）と定義されていることである。ここに読者の理解を混乱させる大きな原因がある。人格は永遠の彼岸において実現される究極の最高価値である。これと区別するために自我の成長は現在の最高価値として定義される。河合はこう考えて前者を理想の自我とよび、後者を現実の自我として説明するが、これは明らかに二元論である。ここには矛盾がある。この点については私はたび〱本書において指摘してきた。二元論がかかえる問題とは何か。河合の説明に従えば、現実の自我は理想の自我に向かって進む自我である。そこには四つの問題がある。第一は二つの自我の間にはギャップ（溝）があるということである。第二はこの溝をいかにして埋める（克服する）かということである。第三は理想の自我は現実の自我にとってどのような意味と役割をもつかということである。第四は理想の自我（彼岸の理想）が憧憬の目的であるとしてもそれが今ここで迷い、苦しんでいる自己自身を具体的に動かすことができるかということである。それは抽象的観念にしかすぎないのではないだろうか。河合はこれらの問題に答えていない。

以上の問題に答えるためにはすでにデューイが答えたように、今なそうとする行為が自我と同一であることに注目する必要がある。両者が同一視されるためには今なそうとする行爲に注意が常に集中し、余念を一切この自我意識から排除することである。自我意識が動く身体活動においても瞬間の今の行為と同一化することである。西田幾多郎はこれを「純粋経験」の状態であるといった。難しいことは心身が絶えず動いている状態にあっても自己が外界に気をとらわれず、又自然に起こる妄想や雑念にとらわれることのないように心身を統一することである。河合は心のこうした深い世界には全く注目していない。自我の成長においてもう一つ注目すべき問題がある。それは自分の自我の成長と他人の自我の成長とがどのように考えられるかということである。河合は「行為の動機は自己の人格への成長であること、相手の人格への成長を目標とすること、この二つでたいていの場合は決定される」[2]といいながら、「自我の成長は当事者自身のみのなし得ることで、他人の代理を許さない」[3]という。自我の成長は各人の自由(自己決定)に任されているという。河合はこう考えた上で各人が他人に対してできることは他人の自我の成長のために条件を供与すべきのみであるという。かれはこの条件を内的(精神的)と外的(物的)とに分けて説明する。そこには他人に干渉しないという思想が入っており、他人を自分と平等に扱うべしという人間尊重の精神が読みとれる。しかしこれで十分であろうか。

なぜかといえばそこには他人への思いやりと配慮とが十分示されていないからである。河合の思想から考えるならば、最低限の行為は保障されるが、問題は心のこもった行為が条件供与のみによって可能であるかということである。現代社会は機械化し、人間の行為も機械的義務的となりつつある。そこに求められているものは思いやりの一言葉である。自己と他者との心の通ったコミュニケーションの問題である。自我の成長をこの観点から考え直すとすれば、以下のようになろう。他人の自我の成長を促進するケアそれ自体がケアする人の自我の成長である。これは自他の成長が二つの別々の成長ではなくて、一つの成長であるという意味である。これはグリーンの言葉を用いれば「共通善」である。グリーンは他人の福祉の中に自己の福祉を見出すことができるとし、両者を共通の善として考える。その根底にはキリスト教的理想があり、他人に奉仕することは自己への奉仕であると考え、これを「相互的奉仕の理想」とよぶ(4)。河合は『トーマス・ヒル・グリーンの思想体系』の中で commun good を「公共の善」と訳し、グリーンの真意を必ずしも十分理解していない印象を受ける。グリーンによれば「真の善」は共通善であり、これが基づく意志は各人の意志であると共にすべての人の意志であるとされる。国家の基礎はこのような意志にあるとグリーンは主張する。

河合が自我の成長を考えるとき問題となるのは「自己の利につくか、自己の利を去るか(5)」ということである。かれがこれを問題にしたのは、人間が利に囚《とら》われる（執着する）からである。いわゆる名利に執着することが古来宗教の根本問題であった。かれは利と共に大きな問題と考えたものは自負心であった。これらをどう克服するかが、グリーンの問題であると共に河合の問題でもあった。

三　芸術と忘我

河合は芸術的活動と知識的活動とを区別して以下のように考える。前者は「いまだ存在せざる新たなるものを創造する」活動であり、この創造は想像によるものである。知識的活動は

「すでに存在するものを、われわれの意識の体系にまで把握することである。」という。[6]芸術的活動は美を創造することであり、感情が重要な役割を演ずるところに知識的活動との相違があるとかれはいう。芸術における感情は美の価値感情であり、これは美の価値観念に感情が適合したときに起こるとされ、河合は以下のようにいう。「要するにわれわれの全自我を、魂を、心情を、震撼するものが美的価値である。われわれの美的価値感情を触発する対象を美的価値があるといい、対象の中に美的価値を発見して、これに全自我を没入し、われわれの全自我の震撼される状態を意識して、美的価値感情を思うさま満足せしめること、これを美的観照というのである。[7]」

河合は「美的観照」は二つの過程から成立するという。第一は現実に囚われた自我の否定である。第二は物象の触発によって自我が二にして一になることである。主体と客体とが合一することである。河合はこれを「忘我」とよび、次のように説明する。

「この忘我の境地は、平静で落ち着いている。しかしこれは知識的活動における冷静とは異なる。後者においては主体と客体とは截然《せつぜん》として対立し、主体は客体にかかわりないことによって、平静が保たれるのである。しかし前者においては主体と客体とは合一して、一者となるがゆえに平静を妨げる余地がないから平静なのである。また道徳的活動にも主格合一はある。しかしこの場合には主体たる自我は、自己の観念を現実界に実現して、新しき客体を創造することにより、主体と客体との合一を図ろうとするのである。芸術における忘我の境地にやや似たものは、宗教的活動における法悦の心境であろう。しかしなるほど法悦の境地においても主客の融合一体はある、しかしここで融合する主体たる自我は、単に美的価値に関係した自我だけではない、知識的、道徳的、芸術的のあらゆる全面の自我が一度否定されて、しかる後に神すなわち実在の人格と一体となる、しかも融合は大智大悲の前に跪いた弱小者の絶対帰依の形態において行なわれる。しかしこれだけの差異があるとしても、芸術的の忘我を髣髴《ほうふつ》せしめるものは宗教的の法悦である。[8]」

ここには検討すべき問題がある。第一は忘我を可能にするものは何であるかということである。芸術における忘我は、河合の説明によれば、瞬間的な美的感情であり、やがてこれは消え去る。たとえ、一時的にせよ、忘我の基礎は何であるか。自我を否定し、美の形象に没入させるものは何であるかということである。河合はこれを「平静」と考えるが、この基礎は何であるか。かれはこれを説明していない。平静についての説明がなされていない。第二は忘我は法悦であるとされるが、法悦と平静とはどのような関係にあるかということである。法悦は平静の結果であるか、それとも平静に伴うものかということである。法悦は平静と不可分の関係にあるが、これらを成立させる原理は何か。単に自我を否定することによっては法悦も平静も自覚されないはずである。第三は河合は「知識的、道徳的、芸術的のあらゆる全面の自我が一度は否定されて、しかる後に神すなわち実在の人格と一体となる」というが、これは河合の本心であるかということである。全面の自我が否定されることによって平静の状態、すなわち忘我が可能であろうか。自我の何が否定されるか、その後自我が肯定されるのはいかにして可能か。要するに、自我の否定の意味が明確でないことである。自我の成長が河合において問題にされる以上、自我の否定されるべき部分が明確にされるべきであったであろう。

河合は忘我を主格合一と説明する。これは西田幾多郎の主客合一論を予想させるが、河合はこの点に言及していない。もしかれが西田の『善の研究』を深く読み、純粋経験や白隠の「純一無雑打成一片」(9)に注目していたならば、「忘我」や「平静」はもっと深く考えられていたことであろう。こうした問題はあるにせよ、美的観照が自我の変容に対してもつ意義を河合は次のように評価する。

「それでは美的観照はわれわれの自我にいかなる変容《モディフィカチオン》を与えるであろうか。現実の自我が否定されて、美的形象に没入する時に、われわれの全自我が揺り動かされる、これだけ力強く全自我をあげて動かされることは、知識的活動にも道徳的活動にもみられない。全自我を没入することにより、われわれの自我は深められ高められ浄《きよ》められ豊かにされる、別言すればわれわれの魂は昂揚《こうよう》し、自我は純化され現実は超克されるのである。この瞬間ほど現実の桎梏《しっこく》から解放されることはない、これを美的自由という。世にいろいろの種類の自由がある、しかし美的自由の中に、われわれは全人の自由を享受する。観照における没入は常住不断に継続するわけではない、しかしたとえ一瞬の間であろうとも、没入を反覆し体験している間に、われわれの自我が、魂が、精神が常住不断に昂揚し純化し向上する。これがすなわち教養であり人格の成長である。(10)」

ここで問題になることは「没入」が「常住不断に継続するわけでない」といわれていることである。それは一時的な昂揚感であるにすぎない。それはいかにして経験されるか。河合は没入は「反覆し体験している間に」継続するという。没入にせよ、主客合一にせよ、その手がかりとなるものがなければ、反覆は暗中模索であるにすぎず、時間と共に「昂揚し、純化し、向上する」精神は薄れ、弱くなってゆくであろう。改めて平静の心はいかにして確保されるかという問題を宗教との関係において再検討することがこれからの課題である。なぜかといえば主客合一（二にして一なる統一）はその基礎を「平静」に置いており、この心を修養するためには、キリスト教にせよ、仏教にせよ、人間と神仏との関係が問われてくるであろうからである。河合の芸術論を徹底しようとするならば、理性と信仰との関係を再検討することが課題として残される。

註

(1) 河合栄治郎『学生に与う』一一二－一一三頁。
(2) 同書　一九二頁。
(3) 同書　一八七頁。
(4) T.H.Green, *Prolegomena to Ethics*, Fourth Edition, Clarendon Press, P.296.
(5) 河合栄治郎『学生に与う』一九二頁。
(6) 同書　一五五頁。
(7) 同書　一五七頁。
(8) 同書　一六二－一六三頁

(9)高橋竹迷『修養禪話　白隠禪師言行録』大洋社　昭和一四年、一九四頁。
(10)河合栄治郎『学生に与う』一六三頁。

第二部　河合栄治郎の影響と私のT・H・グリーン研究への道

第一章　戦後の旧制中学校・新制高等学校時代と河合栄治郎の影響

一　河合栄治郎の教養書との出会い

私がグリーン研究に志した原点を回顧するとき、戦後の旧制中学校三年生のとき河合栄治郎の本を読んだことがその契機であったと思う。読んだ本は河合栄治郎編『学生と教養』（日本評論社、昭和一三年一六版）であった。初版は昭和一一年であった。私はその中の「学生時代の回顧」であった。この自叙伝は私にとって大変興味があったが、それが『トーマス・ヒル・グリーンの思想体系』（昭和五年）を背景にしたとは当時の私にとっては知る由もなかった。もう一冊読んだ本は河合栄治郎編『学生と先哲』（日本評論社、昭和一六年二七版）であった。本書の初版は昭和一二年であったが、戦後私は古屋店で購入した。河合の文章はその中の「個人成長の問題」として巻頭を飾るものであった。これはかれのグリーン研究の成果を基礎として平易に書かれたものであるが、中学校三年生、四年生の私には難解の書であった。私はなぜか当時これらの二書をむさぼるように読んだが、それは生き方が求められていたからであった。これらの本を読んで学んだことは何であっただろうか。それは二つあった。その一つは部活動として弁論部に入ったことである。もう一つは文章の書き方である。いずれも私にとって弱点であったが、興味があった。これら二つは密接な関係があり、文章が上手に書けなくては、弁論の才能を磨くことはできないと考えるようになった。河合栄治郎は中学校時代に徳富蘇峯の本をすべて読んだといわれ、さらに『十八史略』、『唐詩選』、『文章軌範』、『史記』等を愛読したといわれる。河合は蘇峯によって英語に親しみ、マコーレーの原書をいくつか読んだという。さらに、河合は徳富蘆花の『自然と人生』、尾崎紅葉の『金色夜叉』等も読んだという。少年時代の河合は博覧強記に近い存在であったといえるかもしれない。

私が河合栄治郎から弁論部に入って人前でスピーチをする必要を感じたのは、私は生来内向的でクラスの中で手を上げて積極的に答えたり、発言する勇気と自信とが欠落していたからである。岡山県御津郡金川町の旧制中学校での弁論部の活動は活発ではなかったが、五年生（新制高校二年生）のときには生徒会長に推薦され、学校統合にかかわる生徒と学校とのトラブルを調整する活動をした。弁論部の経験は二つの活動体験をさせる契機となった。その一つは岡山県町村立金川高等学校と岡山県立福渡高等学校との共催による討論会「男女共学は是か非か」を私の呼びかけによって昭和二四年五月に開催したことである。もう一つは岡山県金川高等学校（私立）が昭和二四年三月閉校し、同年四月末に旧金川町の定時制高等学校と統合し、新しい公立高等学校の開校式に生徒代表として祝辞を述べたことである。その原稿は河合栄治郎の雄弁による流暢な名文がいくらか身についていたためか、参列者の来賓各位から好評を受けた思い出がある。

河合栄治郎の論理的な、説得力ある名文は中学校のときから英語の原書を読んでいたことから大きな影響を受けている。私は本書において河合から学んだ文章表現が隨所に使はれていることに読者は気づかれるであろう。今では半ば無意識的に使っているが、それほどかれの文章は生涯つづくものらしい。河合の書物を読んで気づいていたことであるが、かれが漢籍の教養が豊かであるということである。それがどこから来ているのか、以前から疑問に思っていたが、今回の研究を機会に河合が少年時代から青年時代にかけて漢籍や日本文学に関係する本を多く読んだことによって得られた知識の結果であることを再認識することができた。もう一つ私が影響を受けたことは、かれが「強い性格」とは何であるについて説明していることである。内向的であった私は河合の次の文章に注目したのである。

「強き性格とは、その自我の焦點が明白であり單一であるが為に、自我が統一され、全精力が集中されてゐることである。弱き性格とはその焦點が複雑多岐に分散してゐるが為に、自我が不統一に分裂してゐる、その為に精力が一所に動員されてゐないことである、而して性格なきものとは、弱き性格の程度を高めたものに外ならない。ここに焦點と云ふのは、最高善を云ふので、あるものは利益を最高善とし、あるものは國家を最高善とする、この焦點が何であらうとも、それが單一であり明白であるならば、強き性格となりうるであらう。從つて性格が強いことは、それだけで善き性格だとは云はれない、善き性格たる爲には、最高善が即ち焦點が人格の實現になければならないからである。だが強き性格は自我が統一して全精力が一所に集中してゐるが爲に、若しその焦點が今は誤つてゐやうとも、やがてあるべき焦點に轉化したならば最も善き性格となりうべき希望性がある、之に反して弱き性格は今現に焦點が分散してゐることの故に、善き性格でないのみならず、全精力が一所に焦中されない爲に、最高善を正しく把握する努力さへも覺束ないと云へるであらう。[1]」

ここで述べられている「強き性格」はグリーンの『倫理学序説』の中で論じられている「強い性格」、「強い意志」、「強い人間」をベースにし、河合自身が自己の性格を反省しつつまとめたと考えることができる。グリーンは性格を環境との関係において考えるが、河合はこの関係をどのように考えたのであろうか。

二　河合栄治郎の少年時代と二〇代の失恋

人間の成長の原点は少年時代、青年時代にあると云われるが、河合の場合その成長はどのようにしてなされたのであろうか、又その問題は何であったのであろうか。河合は成長の原点は二〇歳前後にあるというが、自覚の上からいえばそうであるかもしれない。しかし、すでに見たように、かれは郁文館中学校の二年生のとき病気になり、半年休学したという。どのような病気であったかはわからないが、河合はこの半年の期間中、すでに紹介したように、日本文学に関する名作を読破しているので、この休学中はかれにとっては意味のある最初の段階であった。しかしかれがいう第一段階はこれとは違う。河合は成長の第一段階を親や教師や上司の命令に盲従している時期であるという。河合の少年時代はかれがいう成長の第一段階とは違って、親子が信頼し合った、理解のある家庭環境であったことは次の一文からうかがわれる。

「私は東京の酒屋の次男として生れた。家は決して富んではゐなかつたが、生活に窮するほど貧しくもなかつた。所謂中産階級と云ふのであらう。……私が八九歳の頃に鞋《わらじ》をはいて、酒や醬油の徳利を集めに得意先を廻つた時、そこの臺所のおかみさんが、感心なものだ、あれが徳嶋屋（之が私の家の家號であつた）の忰だよと云ふのを小耳に挿んだことがあるから、次男に徳利集めをさせる必要はもうなかつたので、親は修業の爲に子供を働かせたのだと思う。父も母も教育と云つてはなかつた、時代も時代であつた爲もあらう、碌々小學校を出てはゐなかつた。こうした親に二色あるもので、あるものは自分に教育がない爲に教育を馬鹿にするもの、又他のものは、自分に教育がなかつた爲に子供には教育をさせたいと思ふものであるが、私の親は此の後者に屬してゐた。此の親に就て私は書きたい多くのものを持つけれども、こゝでは後の學生生活に關係のある點だけに限ることとする。今でも私が親に感謝してゐるのは、親が自分の教育の足りないことを自覺して、常に私の爲に師を求めて呉れて、親の足りなさを補はうとして呉れたことと、少年時代から私を信じて呉れて、私に干渉しないで思ふ事を通させて呉れたことである。(2)」

河合少年が恵まれた家庭に育ったことが想像される。しかし広い世の中には子供が家の農業の重労働のために親に反抗することもある。貧しいために進学ができない子供もいる。それは終戦前後においても多く見られた。少年期は河合のいう第一の段階ではなくて、反抗期の第二段階である場合もある。河合の中学校時代は親の理解によって何不自由なく幸福な時代であった。その後の成長過程において河合は悩みや挫折はなかったのであろうか。優秀な河合であったから能力に挫折することはなかったようであるが、人間関係はどうであったのであろうか。

河合は琴子（新渡戸稲造の養女）との縁談→結納→縁談の解消という青年期の人生経験のなかで苦悶の毎日がつづいたといわれる。河合は一高の先輩の川西実三（前日本赤十社社長）に相談したという。それは大正五（一九一六）年九月二〇日頃で河合が農商務省の工場監督官補に任ぜられた年である。江上照彦は以下のように描く。河合は失恋の苦悩を「千切れ千切れ」に話すが、川西は疲れのせいでうとうとするのであった。このとき河合は大声で「川西さん、あなたは人の大事な話を聞いていてくれるんですか、眠ってるんですか」。江上は同年一二月二八日の川西日記の中から以下のように河合の心の揺れを紹介する。「『川西さん、ぼくはいろいろと悩みましたが、やっと最後の決意をしたんです』と前置きして、『実は一度はあなりましたが、それでくじけずに、もう一ペンプロポーズしようと思うんですがどうでしょう。あなたの忌憚ない意見をきかせてくれませんか』。川西は困った。榮治郎の口からこの破局をきいた最初にちらと彼の頭をかすめたのは、『河合君の学者肌で分析的な面が現われて、そんなことになったんじゃなかろうか』という感じだった。恋愛をさえ榮治郎流の論理的カテゴリーにはめこんで分析したり総合したり、とにかく理づめで推してゆく。しかも相手をねじ伏せてでも理屈を承服させずにはおかない勢いだとすれば、令嬢のデリケートな神経にはだんだんそれが耐え難くなったのも無理はない。要するに榮治郎が学者的欠点を露呈したあげく、彼女は興ざめ恋心もふっ飛んでしまったのだ。こうなった上は、大丈夫たるもの振られた女の後を追うような醜態を世間にさらすべきではない、というようなことを、言葉は川西らしくいささかどぎつかったが、親友としての真情に溢れ熱誠をこめて説いたものだから、さすがの榮治郎がじっと黙りこんでしまった。[(3)]」

以上の描写が適切であるかは判断できないが、河合の考え方と性格をよく表現していると思う。河合の執着心がかれの性格の問題点であったことはかれの宗教論の中において現われている。かれは合理主義者であったが、自分が自分に囚われるもろさと弱さとを反面においてもっていたことを知ることができる。

三　河合栄治郎の恋愛論

河合が『学生に与う』の第二部二二「恋愛」においてかれの恋愛論を述べているのは、以上見てきた失恋の経験があったからであろうと推察される。それはかれがしばしば問題にする二にして一なる関係である。しかし一なるものは二に分裂にする可能性がある。これが失恋である。二にして一、一にして二なる発想はかれの友情論にも見出される。これは主客合一の論理であるが、これは人格の実現と自我の成長との根底にただよう心境であり、この点が実は河合の自我成長論の根本問題である。

河合は恋愛について次のように述べる。

「恋愛は当然に結婚を伴わねばならない。結婚は必ずしも恋愛あることを必要としなくとも、恋は結婚を前提として覚悟してなされねばならない。結婚の覚悟なくして恋愛を楽しもうとするのは、恋を弄《もてあそ》ぶものである。相手の人格性を弄ぶものであり、自己の人格性を弄ぶものである。恋するものが結婚にゆかないとすれば、双方の恋が醒めるか、あるいは一方が他方を捨てる場合かである。……恋が深ければ深いほど、恋の破綻の当事者に与える傷は大きい。もし恋が破綻してもよいほどの浅薄なものであれば、傷はなかろうが、恋擦《ずれ》の堕落をもたらす。[4]」

恋愛における愛とは何であろうか。河合はそれは「没我」であるという。それは相手のために喜んで犠牲の行為をすることも含む。愛を没我と見る点においてそれは芸術に求められる没我と似ている。愛は我を忘れて相手のために献身すること、これが没我であると河合はいう。

「英語の Love は Leave（己れを捨てる）と語源的に同じだと聞いているが、愛することと己れを捨てることとが当然に連想されるほど、愛は没我を必要とするものである。必要とされる没我が喜び勇んでなされるところに、愛の愛たる所以《ゆえん》がある。たとえば他人を救うために、己れが犠牲となることは、義務としてはなそうとも、喜び勇んですることでないかもしれない、ところが恋人のためには、己れを犠牲とすることが喜び満足してなされ、ある場合には進んで犠牲をうけようとさえする。こうした価値の転倒を当然に行なわしめるのは、愛の魔力であるが、これは恋において特に顕著である。[5]」義務の行為と愛の行為とが違う点が注目される。前者は人間愛からなされるとしても、喜んで献身的な勇気ある行為ではないかもしれないが、後者は没我に伴う犠牲的行為である。それだけに恋愛の愛は純粋であり、利害を超えているといえる。

河合は学生時代の恋愛は賛成か反対かという問いに対して「反対」の立場をとる。その理由は以下のとおりである。「一見して恋心が萌《きざ》すことはあろう、しかしそれだけで恋は成るものではない、必ず一歩踏み出すので成るのである。私はその一歩の踏み出しに反対するのである。

それはなぜかというならば、一つは恋は当然に結婚にゆかなくてはならない、ところが結婚を決定するには、学生時代はまだ準備が整わないからである。それよりも有力な理由は、恋は楽しいとともに苦しいものである。この苦しみは結果として人を成長せしめるであろう、しかし苦しみの中から成長しうるのは、既に相当の条件を備えた学生で、すべての人にそれを予期することはできないし、万一の場合は回復のできない痛手を負うからである。高山の峻嶮を命を賭して踏破するのは、成功した時は快美であろう、しかしその快美を狙うがための犠牲はあまりにも大きい。いわんや学生生活にはなすべき重大な問題がある。それを看過して恋に身を投ずるのは、学生生活の重要性を忘却したものである。(6)」

河合の恋愛論の背景にあったのは、琴子との縁談から破談に至った失恋の体験があったことはすでに述べたとおりである。失恋の時期は大正五(一九一六)年であり、かれが二五歳のときであった。『学生に与う』(昭和一五年)を書いたときは、かれが四九歳のときであった。河合は縁談が破談となった後、金井延(東京帝国大学教授)の長女国子と大正六(一九一七)年四月二二日、結婚した。それは河合夫妻の前途を祝福する人生のスタートであった。河合は親心の気持ちから学生時代の恋愛に反対した。その理由は学生は勉強や研究という大切な目的があるから、恋愛から結婚への道は「高山の峻嶮」を登るに等しく、リスクが大きいと主張する。この意味において学生時代の恋愛・結婚と学業とは矛盾するとかれはいう。河合の人生の先輩としての助言は理解できるが、私は基本的にはかれの恋愛論には反対である。その理由は次のとおりである。

第一は幸福は成功したときの「快美」にあるのではなくて、峻嶮な山道であっても一歩一歩登るプロセスにあるということである。河合はこのプロセスに注目していない。第二はこの前提から考えられていることであるが、学生時代は幸福の条件が整っていないということである。この点から考えれば、学生結婚は否定される。なぜかといえば学生は就職していないから「相当の条件」が整っていないからである。第三は幸福は一定の外的条件が与えられていなくても、前途に生きる目的が確立されているならば、それに向かって努力している学生・院生は周囲から理解と援助によって最低限の条件は与えられるということである。第四は学生結婚は、外的条件（毎月の給与や個人の住宅等）が与えられている人の結婚生活と比較するとき、四畳半の狭い一部屋の生活であっても幸福の質に全く上下の差はあり得ないということである。河合は、他方、すでに恋愛中の学生に対しては次のような助言をする。

「すでに恋をもつ学生は、どうしたらよいか。答えは簡単である。なされた恋は、あくまで真剣に、あくまで懸命に、体当りをもって突き通せよということである。人は一事を企てるまでは熟慮しなくてはならない、しかし決断が下されたあとは、悔いなきように全我をあげて戦い抜かねばならない。恋をいいかげんになす人間は、学問も道徳も人生も、いいかげんにお茶を濁す卑劣漢である。恋を契ったものとは、壇の浦まで運命をともにする覚悟がなくてはならない。利のために恋を捨てるものは、恋人を裏切るだけではない、自己を裏切ることである。[7]」

これは達見である。これは学生結婚に生きる勇気と希望とを与える。では、性格の強い河合栄治郎がなぜ琴子との恋愛感情を結婚と結びつけることに成功しなかったのであろうか。江上照彦の『河合栄治郎伝』から考えられることは二つある。その一つは河合家の家風と新渡戸家のそれとが合わなかったことである。新渡戸稲造夫人がアメリカ人であったために河合栄治郎の母親の理解が得られなかったらしいということである。もう一つは琴子が心臓が弱いなどひ弱な身体であったことである。強い性格の河合であるからかれの押しの一手によりこの縁談を成功させたであろうが、小野塚喜平次教授夫人と河合の姉喜久とが間に入っていたこともあって詳しいことはわかっていない。

註

(1) 河合榮治郎編『學生と先哲』三〇－三一頁。
(2) 河合榮治郎編『學生と教養』二七九－二八〇頁
(3) 江上照彦『河合榮治郎伝』社会思想社、昭和四六年、七五―七六頁。
(4) 河合榮治郎『学生に与う』三〇一頁。
(5) 同書　二九八頁。
(6) 同書　三〇三頁。
(7) 同書　三〇四頁。

第二章　岡山大学時代の失敗と内村鑑三の影響

一　岡山大学弁論部の活動とマルクス主義の台頭

私は昭和二五（一九五〇）年四月、岡山大学教育学部に入学した。河合栄治郎の「社会改革」思想から影響を受けていた私は、戦後の復興は「教育から」と考え、中学校教員を目指していた。当時は「文化国家の建設」という言葉が叫ばれ、戦後日本の進む方向が示れた。文化国家の理念の中には学問、教育、芸術、スポーツ等を含んでいた。岡山大学に入学した私は、前章で述べたように、河合栄治郎の影響があって弁論部に入った。部室は旧教養部（現教育学部）の木造校舎の一角にあったので入ってみたところ、部員はほとんど法文学部の学生であった。部員は一年生と二年生とから構成されており、二年生は昭和二四年岡山大学開学と共に六高（第六高等学校）から横すべりの形で入学した学生であった。教育学部の学生の中で弁論部に入部したのは私一人のみであった。部長は二年の中原行二君（旧六高生）であった。かれの父は衆議院議員（労農党の書記長）であった。部活動の内容はマルクスやエンゲルスの本を輪読することであった。六高から来た二年生はドイツ語の知識をすでに身につけていた。かれらはマルクスの『資本論』についての知識をもっていた。

昭和二五年七月八日、マッカーサー（日本占領連合軍最高司令官）は「国家警察予備隊創設」を指示し、同年八月一〇日、「警察予備隊令」が公布された。これより先、同年六月、朝鮮戦争が起こり、国際的緊張が高まった。岡山大学の学生自治会は警察予備隊反対を叫んで全学集会を教養部の大講義室で開催した。参加してみると、弁論部の中原行二君がリーダーとなって、あの美しい声で反対の声明を叫んでいた。私はこの時弁論部は自治会と連携して政治活動の一翼を担っているという印象を受けた。昭和二五年の夏休み中私は『資本論』（訳本）を読んだが、難解であったことを記憶している。一〇月に入ってから私は考えるところがあって弁論部を退部した。その後、教育学部の社会科教育研究会に入部し、顧問の古屋野正伍先生（助教授、アメリカ社会学の研究者）と交流を深めるようになり、E・フロム（日高六郎訳）『自由からの逃走』（一九四一）やR・ベネディクト（長谷川松治訳）『菊と刀』（一九四六）を読んだ。こうして私はマルクス主義からアメリカの文化人類学や精神分析学に関心が移った。フロムの本の中でもう一冊注目した本があった。それはフロム（谷口隆之助・早坂泰次郎訳）『人間における自由』（一九四七）であった。昭和二六年四月、私は社会科教育研究会の部長となり、会員と共に『弁証法とは何か』（岩波新書）を読んだことがあった。学生の間にマルクス主義が拡大していた当時、私はヘーゲルの弁証法を理解する必要があると考え、本書を輪読し、会員約一〇人らと討論したことはよい勉強になった。この外に忘れられない経験が二つあった。

第一はミシガン大学日本研究所の分室が岡山市に設立され、同大学から歴史・地理等を中心とした研究者が派遣されており、古屋野先生が社会科の学生約一〇名を連れて同分室へ行っていたことである。目的はミシガン大学の大学院を修了した研究者が日本人の政治意識を調査するためにアンケート調査の手伝いを学生にしてほしい目的の説明と実施のオリエンテーションとであった。確か昭和二六年の夏休みの前のある日であった。学生は岡山県下の抽出された市町村に出張し、二泊三日ぐらいの日程で学生が住民に面接し、アケート用紙によって聞き取り調査をした。初めての経験であり、聞き取りの書き方についての注意説明があったことが忘れられない思い出であった。同時にアメリカの社会科学の方法を知るよい機会であった。

第二は岡山大学の学友会の文化祭の行事として昭和二七年秋に、社会科教育研究会が中心となって全学学生を対象として講演会を開催したことである。私は講師として旧広島文理科大学学長であった長田新氏に直接手紙で依頼した。私がドイツ語の授業を受講しているとき、学生部の職員が長田新氏の快諾の電報を教室にもってきて渡したのを憶えている。講演会の当日、私は岡山駅に長田新博士を迎えに行ったところ、教育学部の徳永保助教授、中島康輔講師、佐藤守助手がプラットフォームに来ていたので驚いた。その後、長田博士を案内し、所定の場所に行くと、岡山大学学長の清水多栄先生が公用車で迎えに来ておられた。私はこの車のドライバーの横に座り、長田博士と清水学長とは後部の座席に座って話しておられた。この経験は私にとっては予想しないことであった。私はこうした経験から目上の偉い人と交渉するコツを自然に身につけることができた。

私は岡山大学在学中は弁論部で磨いたスピーチの技術を生かして岡山市議会議員や岡山県議

会議員の選挙のときはボランティアとして選挙運動の応援演説をして廻った。このときどのようにスピーチをすれば聴衆が寄ってくるかのコツを体得することができた。

二　教育実習の失敗と指導教諭との対立

私は旧制中学校・新制高等学校時代に河合栄治郎が学生時代の必読書として推薦していた内村鑑三の『後世への最大遺物』が私の記憶の中に残っていた。この本が当時思い出され、精神的危機を救済したのであった。ではその危機とは何であったか。それは教育実習中の指導教諭に対する態度が礼儀に欠け、その教諭から反感を買い、実習期間中暗い毎日であったことである。その契機は私の研究授業に向けての指導案の最終打ち合わせのミーティングをしていたときであったと記憶している。その時の仲間は私の外に二人の同期生（長代君と中津君）であった。これら二人との協議はすでに二回ほどできており、一応合意はでき上っていた。その経緯は指導教諭に報告しておいた。指導案の内容は「裁判所の仕組み」というテーマであった。最終打ち合わせの会には指導教諭（岡本）も参加していた。教務主任（岡山大学教育学部附属中学校）が各教科の協議会場を巡回しているとき、われわれの協議会にやって来て、私の指導案を見てある部分について質問したので、私は「それは岡先生（指導教諭）から指示されました」と答えた。このとき教諭の顔が怒った表情に見えた。当時の詳しいことは忘れてしまったが、この質疑応答が指導教諭のプライドを傷つけ、私が生意気であると感じたらしい。その後、私は同教諭に謝罪を含め説明したが、かれは聞く耳をもっていなかった。教諭は感情の起伏の激しい人であった。

こうしたトラブルがあったが、研究授業での私は今までの教材研究とミーティングの成果によって一応よくできたと思った。批評会には教育学部社会科の先生（谷口、虫明、石田の諸先生）が出席された。とくに谷口先生（日本史が専門で、後に岡山大学学長になった先生）は「板書がよかった」と評価された。二人の仲間も「大変よい授業であった」と好評であった。指導教諭が発言した記憶はなかった。こうして研究授業は無事終わったが、残りの約五週間指導教諭は私に対して冷たく当たり、無口で、二人の人間関係は毎日暗黒の状態であったが、私は一日も欠席することなく三ヶ月間の教育実習を終えることができた。

翌年一月、教務係から教育実習の成績表を受けとり、驚くと共に強いショックを受けた。評価項目（四項目）はすべて「可」であった。「あれだけ頑張ったにもかかわらず、これがその評価であったのか」という疑問が起こると共に「学生を一時の感情によって評価してよいか」という怒りが私の心から湧き起こった。これはいつしか復讐心へと変化した。後日談であるが、学部の指導教官である虫明先生は次のように話された。「君の教育実習の評価の原案は附属中学校から送られてきたとき「不可」であった。社会科教官会議で協議した結果、この評価は理解できないし、前例もないので、附中へ差し戻し、再検討の要請をした結果『可』に修正された。」とのことであった。この話を始めて聞いたのは私が昭和五〇（一九七五）年、私が岡山理科大学から岡山大学教育学部に移り、事務の引継ぎの話を虫明先生と話しているときであった。私は当時この事実を全く知ることなく、指導教諭（岡本）に対しては強い怒りを覚え、他日の成長に向かって人生の再出発を誓ったのであった。私は当時中学校教員養成二年課程に在学していたので、まず中学校教員養成課程の三年次へ転類し、卒業後は大学院に進学しようと固く決心をしたのであった。昭和二六年一二月からは、学部の授業を受けながら将来の進路とその対策の準備を考え、暇な時間を活用し、ドイツ語の勉強を始め、その徹底的理解を目指し、毎日、図書館でドイツ語の文法について理解を深めていた。同時にこれからの人生をどう生きるかについてその思想的支えをどこに見出すことができるかを考えた。こうした思索の中で思い出したのが、内村鑑三の『後世への最大遺物』(岩波文庫、昭和二一年)であった。これは河合栄治郎の教養文献目録の中に紹介されており、河合自身も評価している良書であった。

三　二〇歳の危機を救った内村鑑三の思想

教育実習の失敗後、私は一時失意のどん底に落ちた感じがしたが、指導教諭の私に対する一種のいじめに対してどう仕返しするか、その復讐心をどう合理化するか、日夜悩んでいた。内村鑑三が紹介するカーライルのショックは私のそれとは比べることはできないであろうが、私にとっては非常に親近感を覚えた。そしてカーライルの人生観から大いに学ぶことができるであろうという予感がしてきた。

カーライルはどのようなショックを受けたのであろうか。かれはこれからどう立ち直ったのであろうか。私が『後世への最大遺物』の中で注目した部分は、カーライルが『フラス革命史』をどのようにして書き上げたかという部分であった。カーライルが書いた本書の原稿を友人に見せたところぜひ読ませてくれというので、それを友人に貸した。ところがその友人が家に持ち帰って読んでいた時、その友人の友人（J・S・ミル）がその原稿を一晩貸してくれないかと強く求めたので、ミルに貸したという。ミルはその日の夜読んでいるうちに眠りに就いた。翌朝、女中がストーブの火をつける材料を探していたところ、机の上に広げている紙（原稿）を見つけて、それをたきつけにして燃やしてしまったという。これを聞いたカーライルはショックを受け、茫然となってしまったという。この心境を内村は次のように描写する。

「カーライルが此の書を著はすのは彼に取ては殆ど一生涯の仕事であつた。ちよつと『革命史』見ますならば、此の位の本は誰にでも書けるだらうと思ふ程の本であります。けれども歴史的の研究を凝《こら》し、廣く材料を集めて成つた本で有りまして、實にカーライルが生涯の血を絞って書いた本であります。それで何十年ですか忘れましたが、何十年かかゝつて漸く自分の望みの通りの本が書けた。それからして其の本が原稿になって之を罫紙に書いて仕舞つた、それからして是はもう直きに出版する時が來るだらうと思つて待つて居つた。其の時に友人が來ましてカーライルに遇つたところが、カーライルが其の話をしたら『實に結構な書物だ、今晩一讀を許して貰いたい』と云つた。其の時にカーライルは自分の書いたものは詰らないものだと思つて人の批評を仰ぎたいと思つたから、貸してやつた。貸してやると其の友人は之を家へ持つて往つた。さうすると友人の友人がやつて來て、之を手に取つて見て、『是は面白い本だ、一つどうぞ今晩私に讀まして呉れ』と云つた。そこで友人が云ふには『明日の朝早く持つて來い。さうすれば貸してやる』と云つて貸してやつたら、其の人は之を其の家へ持つて行つて一生懸命に讀んで、曉《あけがた》まで讀んだ所が、あしたの事業に妨げがあるといふので、其の本をば机の上に抛《はふ》り放《はな》して床に就いて自分は寢入つて仕舞つた。さうすると翌朝彼の起きない前に下女がやつて來て、家の主人が起きる前にストーブに火をたき附けようと思つて、御承知の通り西洋では紙をコッパの代りに用ひてくべますから、何か好い反古《ほぐ》は無いかと思つて調べた所が机の前に書いたものが大分ひろがつて居たから、是は好いものと思つて、それを皆丸めてストーブの中へ入れて火を附けて燒いて仕舞つた。カーライルの何十年程かゝつた『革命史』を燒いて仕舞つた。時計の三分か四分の間に煙となつて仕舞つた。それで友人が此の事を聞いて非常に驚いた。何とも云ふ事が出來ない。外のものであるならば、紙幣《さつ》を燒いたならば紙幣を償ふ事が出來る、家を燒いたならば家を建ててやる事も出來る、併しながら思想の凝つて成つた者、熱血を注いで何十年かゝつて書いた者を燒いて仕舞つたのは償ひ樣が無い。死んだ者はもう活き歸らない。それが爲に腹を切つたところが、それまでであります。それで友人に話したところが、友人も實にどうする事も出來ないで一週間默つて居つた。何と云つて宜いか解らぬ。どうも仕方が無いから、其の事をカーライルに云つた。其の時にカーライルは十日ばかりぼんやりとして何もしなかつたといふ事であります。流石のカーライルもさうであつたらうと思ひます。それで腹が立つた。隨分短気の人でありましたから、非常に腹を立てた。彼は其の時は歷史などは抛りぼかして何にもならない詰らない小説を讀んださうです。併しながら其の間に己が己に歸つて云ふに『トーマス・カーライルよ汝は愚人である。汝の書いた『革命史』はそんなに貴い者では無い。第一に貴いのは汝が此の艱難に忍んでさうして再び筆を執つてそれを書き直す事である。それが汝の本當にえらい所である。實に其の事に就て失望する様な人間が書いた『革命史』を社會に出しても役に立たぬ、それ故にもう一度書き直せ』と云つて自分で自分を鼓舞して、再び筆を執つて書いた[1]。」

　私はこの一文を読み、カーライルの心境に非常に共感すると共に勇気を学びとることができた。とくにカーライルが『フランス革命史』をもう一度ゼロから書き直すことを決心したことは大きな教訓であった。しかし、一冊の本の原稿を始めから書き直すことは非常な努力と忍耐とを必要とするから、誰も容易にこれを実行することはできない。『フランス革命史』を完成することの意義と使命感とがなければそれを書き直すチャレンジの意欲は起こらないはずである。カーライルは『フランス革命史』を出版したとき、J・S・ミルは財政的援助をしたという[2]。ミルの女中がカーライルの原稿をストーブのたきつけに使って焼失したことへの責任感からくる償いの気持であったのかもしれない。内村鑑三はカーライルを評価して次のようにいう。

「カーライルのえらい事は『革命史』という本の爲めにではなくして、火にて焼かれたものを再び書き直したといふ事である。若し或は其の本がのこつて居らずとも、彼は實に後世への非常の遺物をのこしたのであります。假令我々がいくらやりそこなつてもいくら不運にあつても、其の時に力を回復して我々の事業を捨ててはならぬ。勇氣を起して再びそれに取掛らなければならぬといふ心を起こして呉れた事に就て、カーライルは非常な遺物をのこして呉れた人では無いか[3]。」

以上のように見るとき、カーライルはイギリス理想主義の先駆者であったことを改めて知ることができる。その立場は反功利主義、反懐疑主義、反唯物主義の理想主義であった。かれがE・ケアドに影響を与えたのもそのためであった。それはグリーンの思想形成にも影響を与え、河合栄治郎の理想主義の背景にあった。内村鑑三は一高時代の河合の恩師であった。河合は『後世への最大遺物』を学生が読むべき教養書として評価した。武士道に理解を示す河合栄治郎は内村鑑三の『代表的日本人』（岩波文庫、昭和一六年、同三一年第一一刷）をも評価したであろう。その中の「西郷隆盛」は今「西郷どん」としてNHKの大河ドラマの主人公となって注目を浴びている。明治の先人や思想家を再評価してよい時である。

内村がカーライルを評価するのは、失意やショックは単に考えたり悩んだりしているだけでは解決しないとカーライルが考えているからである。精神的挫折はかれにとっては仕事をもう一度やり直す（原稿を書き直す）行動によって解決されるとかれが考えたからである。この意味においてカーライルは行動主義の人であった。これを基礎づけるものが「心霊主義」（spiritualism）であった。これは事物を冷静に見る世界観であり、それは心の平静と結びついていると見ることができる。それは自然の動きにまかせて眺め、行動することを可能にさせる忍耐の源泉である。カーライルの「自然的超自然主義」の立場は以上のように解釈することによって理解することができる。それは「単なる観念論」でもなければ「超越論」の立場でもない。現実の仕事や行動の中に霊性が実現する自然の理想主義であるといえる。

註

(1) 内村鑑三『後世への最大遺物・デンマルク国の話』岩波文庫、昭和二一年第一四発行、同三八年第一八刷、五三－五五頁。

(2) *The Dictionary of Nineteenth-Century British Philosophers* Volume 1, A-H, Thoemmes Press, 2002, P.207.

(3) 内村鑑三『後世への最大遺物・デンマルク国の話』五三頁。

第三章　岡山大学時代の勉強と大学院進学の準備

一　ドイツ語の勉強とカント・ヘーゲルへの関心

なぜ私は大学院進学を志したか。その直接の理由は前章で述べた教育実習の期間中経験した指導教諭とのトラブルから「人間とは何か」、「教師は感情によって学生を評価してよいか」といった問題を解決するためであった。この疑問は指導教諭に対する復讐の念と強く結びついていたことは否定できない。大学院での専門分野は大学の三年次の四月の段階では明確に決定していなかったが、倫理学か教育哲学のいずれかになるだろうと予想していた。

大学院に進学するためにはドイツ語が第二外国語として自由に読み書きができなければならない。岡山大学教育学部では英語八単位、ドイツ語又はフランス語の中から四単位の合計一二単位が卒業要件であった。私は二年間にすでに英語四単位、ドイツ語二単位を取得（いずれも「優」）していたが、ドイツ語をさらに六単位を取得する必要があると個人的に考えた。英独合計して一六単位を取得しておくことが大学院進学には必要であると考えていたのであった。この方針に従って大学三年次、四年次の二年間の学習のポイントをドイツ語の徹底的研究に置いた。とくに、ドイツ語の文法の徹底的理解に焦点を置き、ドイツ語の授業を受動的に受けるだけでなく、夏休み、冬休み、春休みの長期の休みを利用して図書館や教室でひたすら黙々と自学自習に努力した。その間、ドイツ語の文法典や参考書を繰り返し読み、考え、書いたり、暗誦したりしてドイ語の文章に慣れるように努めた。こうしているうちに一つのひらめきが浮かんできた。それは「独作文の練習をすることがドイツ語の文法を完全に理解する道ではないか」ということであった。書店で独作文の参考書を調べていたとき、藤田五郎『独作文入門』が目にとどまった。それは昭和二七年七月の夏休み中であった。夏休み中は本書をじっくりと研究し、ドイツ語の文章の組み立てを考えた。毎日、この研究をしつつドイツ語の単語を記憶し、ドイツ語の授業では正しい発音の仕方を学んだ。英語とドイツ語とは似ている点が多いこともわかってきたが、ドイツ語は英語に比べて文法的に正確な表現が要求されていることにも気づいた。さらに一格、二格、三格、四格と男性、女性、中性の変化が名詞の冠詞につけられ、これらが組み合わされて文章が成立しているこがわかってきた。これがドイツ語の基礎である。

以上のようにして私はドイツ語の基礎を身につけると共に、その応用練習を含めて法文学部哲学科の小原美高助教授の演習（カントの『実践理性批判』）を履修した。この演習はドイツ語によるカントの第二批判書を使った輪読である。小原助教授は一般教養の「倫理学」の授業ではリップスの『倫理学の根本問題』を祖述した阿部次郎『倫理学の根本問題』をテキストとして使用した。小原はその雄弁と教育者としての情熱とによって教室は常に満席であり、人気があった。阿部次郎（一八八三—一九五九）は山形県出身で旧制中学校時代から内村鑑三、島崎藤村の作品に親しみ、高等学校では清沢満之、高山樗牛らを愛読したといわれる。東京帝国大学（哲学科）に進学してからはケーベル、波多野精一らの講義を聞き、卒業論文は「スピノーザの本体論」であったといわれる。阿部を有名にしたのは『三太郎の日記』（一九一四）であり、河合栄治郎も本書を愛読したことは本書の第一部で紹介したとおりである。小原助教授に影響を与えた恩師は西晋一郎（広島文理科大学名誉教授）、山本空外（広島大学名誉教授）等であった。小原は岡山師範学校を卒業後岡山市の小学校教師として勤務した後、二〇代後半、広島高等師範学校（教育科）に入学。卒業後、広島文理科大学（倫理学専攻）に入学し、山本空外教授から大きな影響を受ける。同大学卒業（昭和一九年）後、島根師範学校に就職。戦後、小原は岡山師範学校に移り、昭和二四年岡山大学開学と共に法文学部哲学科に所属する。

私は昭和二七年後期、小原助教授に将来の進路（大学院進学）について相談したところ、先生は広島大学文学部の森滝市郎教授に私を推薦したい旨、助言した。小原先生が教育学部の学生である私に期待したのは二つの理由があった。一つは先生が岡山師範学校の出身であった関係から後輩の私を育てようとする教育者としての情熱であった。もう一つはカントの『実践理性批判』のドイツ語演習における私のドイツ語の学力を評価していたと見えたことである。小原助教授は私を森滝教授に、定兼範明君（岡山大学法文学部哲学科）を山本教授に推薦し、大学院進学の道を開いた。

二　森滝市郎教授と英米倫理学への道

私は昭和二八年一月のある日、広島市霞町に在住の森滝市郎教授を訪問した。森滝市郎教授とはどんな経歴の人であったかを紹介しておきたい。まず、西晋一郎は森滝市郎の岳父であったことが注目される。森滝市郎の妻（しげ）は西晋一郎の二女であった。西晋一郎は森滝が大正一〇（一九二一）年広島高等師範学校入学以来恩師であった。森滝は広島高師を卒業（一九二五）後、広島県立三次中学校に就職。昭和二（一九二七）年四月、京都帝国大学文学部哲学科に入学し、同五（一九三〇）年三月、同大学を卒業した後一年間大学院に在籍し、プラトンを研究する。指導教授は西田幾多郎、田辺元であった。昭和六（一九三一）年四月、広島高等師範学校教授に就任。

さて西晋一郎（一八七三ー一九四三）は、周知のように、中島力造（帝国大学文科大学の倫理学の初代教授）の指導を受けながら、T・H・グリーンの『倫理学序説』（一八八三）を研究する。そして『グリーン氏倫理学』（金港堂、明治三五年）を刊行する。西は日本におけるグリーン研究の先駆者であった。これより先、西は「グリーン氏倫理学序論」の概要と伝記を書き、『倫理學書解説』下（東京育成會、明治三四年）の一分冊として刊行した。西はその後、東洋倫理の研究へ傾いてゆく。若き森滝は昭和六年以後、西からイギリス功利主義、とくにH・シジウィック（一八三八ー一九〇〇）の『倫理学の諸方法』（一八七四）の研究を勧められる。日本は昭和一二（一九三七）年、日中戦争の始まりと共に次第に戦時体制となり、同一六（一九四一）一二月八日の「対米英宣戦布告」により四月から小学校は國民学校へと改称された。修身科が強化され、国民道徳が高揚された。森滝は広島高師の学徒動員の指導教授として広島市江波の三菱造船所で指揮をとっていた。夜は宿舎でJ・バトラー（一八世紀のイギリスの思想家）の『説教集』を翻訳していた。シジウィックの直覚主義がバトラーの良心論から影響を受けていたので、森滝は功利主義の直覚主義的基礎を明らかにするためバトラーの良心論に注目したのであった。

さて私は昭和二八年一月、森滝教授を訪問し、大学院進学に向けて何を勉強したらよいかについて助言を求めた。教授は次の三点を指示された。

① 英語とドイツ語とをしっかり勉強しておくこと。入学試験に英独二ヶ国語の試験があるからであった。

② 英語の勉強を兼ねてF・アドラーの *An Ethical Philosophy of Life*（1919）を書斎から取り出し、これを読んでおくこと。なお、この本の中の「結婚論」は西晋一郎も注目し、『倫理学の根本問題』（岩波書店、大正一二年）の中の「四　自然の理性化」で述べていると話された。

③ 次に、倫理学の入門書としてシジウィックの『倫理学史要綱』（*Outlines of The History of Ethics for English Readers*, Macmillan And Co., Limited, 1886）を読んでおくこと。

私は当時（岡山大学教育学部三年次後期）倫理学についてのまとまった本を読んでいなかった。当時、教育学部では指導教官の虫明先生と共にジェームズのプラグマティズを読み、小原先生からはカント・ヘーゲル入門の知識を断片的に学んでいたにすぎず、西洋倫理学の系統的知識をもつには至っていなかった。

森滝先生は昭和二〇年八月六日の原爆投下により右眼を失明されたとのことであった。私がお目にかかった昭和二八年一月頃、先生は長田新（広島大学名誉教授、『原爆の子』の編者として有名）の支援を受け、被爆者の家庭の子どもを助ける「精神養子運動」のリーダーとしても活躍していた。その後、先生は原水爆禁止運動に活躍されるようになる。森滝教授訪問を終えて帰った私はまずアドラーの原書を入手すべく岡山市内の古屋店に行って探していたところ、幸いにそれを見つけて買った。その内容を見ると本書は次のような構成になっていた。

第一編　自叙伝的序論

第二編　哲学の理論

第三編　応用―病気、悲しみ、罪の三つの影と生命、財産、名声への権利

第四編　応用―家族、国家、国際関係等

附録　1　霊的自己訓練

　　　2　自由のための力の行使

以上から察すると、アドラーの『生命の倫理哲学』は応用倫理学の印象を受ける。日本における先行研究を調べると、大正一五年に友枝高彦の論文「アドラー教授の人格論」（丁酉倫理會『倫理講演集』六月號、大日本圖書株式會社、大正一五年五月）が発表されている。さらに友枝高彦「歐米に於ける倫理運動」（岩波講座『教育科學』第二十冊、岩波書店、昭和八年）が発表されているが、アドラーの主著『生命の倫理哲学』は紹介されていない。その立場はカントから影響を受けた理想主義である。

三　F・アドラーのカント批判とランゲの『労働者問題』

私は岡山大学教育学部の卒業論文としてアドラーの『生命の倫理哲学』の原書を翻訳し、その概要を添えて提出した。指導教官は教育学部で倫理学と道徳教育を専門としている虫明　竑助教授であった。アドラー（一八五一－一九三三）とはどのような人であったか。かれは父・サムエル・アドラーの二男としてドイツで生まれた。三人の兄弟と二人の姉妹の五人兄弟姉妹であった。一家は一八五七年、アメリカへ移住した。父はユダヤ教の改革運動のリーダーとしても知られていたという。父の最後の望みは子どもたちがユダヤ教を学んでくれるようにということであった。このことはF・アドラーのその後の「倫理教化運動」の原点であったと考えられるが、かれはこの運動の基礎をカントの批判哲学に求めた。アメリカに移住したアドラーは一八六四年コロンビア・カレッジに入学する。当時、生徒は一五〇人にすぎなかった。校長は一人ひとりの生徒の名前を知っていたという。アドラー少年は在学中、カリキュラムや授業に強く反対し、よい生徒として評価されなかったという。一八七〇年六月二九日、コロンビア・カレッジからディプロマ（diploma）の学位記を受領する。序列は第八位であったが、アドラーは気にしない様子であった。かれは一八七〇年七月六日、フランスに渡り、次いでベルリンに到着。アドラーはヘルマン・コーヘン（一八四二－一九一八）から大きな影響を受ける。

コーヘンはすでに『カントの経験論』と『カント倫理学の基礎』を刊行していた。アドラーが影響を受けた、もう一人はF・A・ランゲであった。ランゲの『労働者問題』（一八六五）

はアドラーが注目した本であった。アドラーがかれの倫理的原理の発展に深遠な影響と効果とを与えたことについて教え子のH・L・フリースは以下のように述べる。「アドラーが回想する第三のゼミナールの経験はフリードリッヒ・アルバート・ランゲの『労働者問題』（一八六五）を読んだことであった。アドラーはそれを『偉大な本ではない』と判断したけれども、『私に広くて悲劇的な展望を開いた本であった。私はその展望をそのときまで非常に忘れてしまっていた。それは労働問題とよばれるものに含まれている道徳的ならびに経済的問題についての展望であった。』アドラーは『今後世界において宗教に似たようなものがあるならば、社会主義はその表現であるに違いない』というヘルマン・コーヘンの主張を受け入れなかったけれども、アドラーは『かれが云ったことには真理の基準』があったこと、そして『私は社会主義が提起する諸問題と仲直りしなければならないこと』を信じた。『ランゲはこのことをするよう私を助けた。[1]』」

アドラーはドイツ留学によってカントの人格主義とランゲの労働者問題に開眼させられたのであった。アメリカへ帰ったアドラーはアメリカの労働界の現状を見て、カントの人格主義をベースにして社会改革に着手する。これが「倫理教化運動」（Ethical Culture Movement）である。これは市民意識の道徳的向上を目的とした啓発運動であった。アドラーは一九〇二年、コロンビア大学の「社会的政治倫理学の教授」として就任していた。かれは社会倫理学の講義において社会倫理の理論と社会制度との結合を試みようとする。かれは社会改革の哲学的基礎をカントの定言命法に求めるが、これは無条件には受容されなかった。アドラーはカントの定言命法には三つの誤りがあると指摘する。

第一はカントが空虚な定言命法から実質的な実体―価値をもつ存在を引き出そうとすることである。第二はカントが描く目的それ自身の社会は真の社会ではなくて、並列した原子的諸個人の集合にすぎないことであるということである。「カントの誤りは孤立化した存在と見なされる個人が価値があり、目的それ自体であり得ると仮定することである。目的の観念は他者との関係を含む。これは機械的並列ではなくて、本質的結合である。いかなる人もそれ自身価値があるのではない。人は霊的全体の有機的成員としてのみ価値をもつ。人と比較することのできない特質を与える独自の質は、その人から発し、そして仲間の中で同系の、しかし多様に修正された生活を生き返らせる創造的生命である。(2)」

第三は定言命法が主張する目的それ自身と手段との区別と関係についての曖昧さである。アドラーはこの点について以下のように批判する。「カントはわれわれは他人をわれわれ自身の目的への手段としてではなくて、目的それ自身としても見なすべきであると教える。曖昧さは『単に手段としてではなくて、目的それ自身としても』という方式にある。境界線をどこに引くべきであるかをカントは教えない。私は、他人が私のものを使ってよいと同じように、他人の奉仕を私自身の利益の実行のために使ってよい。なぜかといえばわれわれは社会的存在であり、相互依存的であるからである。しかし、この方向においてどの程度進んでいるか。この点についてわれわれは全く知らない。(3)」

アドラーは以上の批判から以下のように主張する。われわれは社会的存在である。このことは人間が相互依存的関係にあることを意味する。このことはわれわれが他人の私に対する奉仕を活用したり、他人は私の奉仕を使ってもよいことである。この意味において他人は私を手段として使ってよいし、私は他人を手段として使ってよい。問題はこうした相互関係において人格が目的それ自身として見られているかどうかということである。利害が優先的に考えられていないかどうかということである。アドラーは「富、科学、文化」が「人間の倫理的目的を促進する」道具主義的見解に立つが、カントはこの点を確立していないと批判する。

四　アドラーの「倫理教化運動」と河合栄治郎の思想との接点

アドラーは一八七六年に「ニューヨーク倫理教化協会」を設立した。その背景には労働者問題（失業や雇用等）をいかにして解決するかという社会問題があった。一八九〇年代のアメリカの労働界は二つのグループに分かれていたといわれる。その一つはマルクス主義の影響を受けた社会主義政党であり、もう一つは Samuel Gompers が率いるグループである。このグループは多くの労働組合を「米国労働総同盟」にまとめ上げ、そのリーダーがゴンパーズであった。アドラーはこの団体と密接な関係にあったといわれる。「アドラーは社会主義者によりはゴンパーズに接近したが、望ましい社会的政治的変化についての見解はゴンパーズの目的を超えていた。この相違にもかかわらず、ゴンパーズはアドラーの労働大義への援助を正しく評価した。事実、倫理教化の展望は、宗教的自由主義およびよりよい教育と労働条件への積極的関心の点で『ニューヨーク倫理教化協会』との合流をゴンパーズに促した。(4)」

アドラーの死後、二人の後継者が「倫理教化協会」のリーダーとなってこの運動を発展させた。二人とはV.T.ThayerとJerome Nathansonであり、かれらの心はパース、ジェームズ、デューイのプラグマティズムとも共有したといわれる。[5] E・L・エリックソンは一世紀以上の「倫理教化」の思想と実践とを次のように要約する。

1　倫理教化は人格の至高価値を主張する。あらゆる人間は独自の、置き換えられない道徳的存在として扱われなければならない。

2　倫理教化は人間関係における倫理的要因の中心を主張する。われわれは他者との関係の道徳的質を通して人間存在としてのわれわれの性格を発展し、定義する。

3　倫理教化は民主主義的プロセスとコミュニティを要求し、支持する。人格の価値および倫理の中心へのわれわれの信念の帰結は民主主義的方法と原理のみが人間の威厳および必要と一致するという信念である。

4　倫理教化はコミュニティにおいて心を自由に働かせることおよび思想の開かれた論議への信仰をもつ。人間の威厳は葛藤する思想や信念を探り、発表する自由があることを要求する。

アドラーの思想と実践とを概観するとき、かれの思想は河合栄治郎のそれと極めて類似していることがわかる。二人ともカントの人格主義から影響を受けていることが注目される。アドラーの倫理教化運動はグリーンとの直接的関係はないが、グリーンの弟子であったA・トインビーがロンドンの貧民街に出て慈善活動をし、その死後「トインビーホール」が建設されたことを考えるとき、両者の根底に宗教的信念があったことが共通点である。さらに、アドラーの「ニューヨーク倫理教化協会」はイギリスにも拡大し、「ロンドン倫理協会」においてB・ボサンケが「倫理協会の機能としての道徳的観念のコミュニケーション」として講演し、さらにJ・H・ミュアヘッドも「倫理協会の位置」と題した講演をしている。[6] アドラーの理想主義とイギリス理想主義との接点を見出すことができる。

アドラーの思想と河合栄治郎のそれとの第二の共通点は、二人ともその出発点として労働問題への関心が高かったということである。すでに見たように、河合は一九一八年アメリカへ工場法案の調査研究のため一年間出張し、アメリカの労働界を視察して帰った。アドラーはこの頃すでに有名であったからアメリカでは知られていたはずであるが、河合はアドラーについては全く言及していない。第三の共通点は、「倫理教化協会」の綱領ともいうべき、すでに紹介した「四点」の内容は、戦後の日本において設立された「社会思想研究会」の「綱領」の五点とあまりにもよく似ていることである。この研究会は、周知のように、河合栄治郎の理想主義・人格主義を生かし、戦後日本の復興と社会改革とに役立てるために河合の教え子たちによって設立されたものである。アドラーがカントから影響を受けた理想主義の社会改革者であったことを想起するならば、河合との接点は容易に理解することができる。

註

(1) Horace L.Friess, *Felix Adler and Ethical Culture : Memories and Studies*, Edited by Fannia

Weingartner, Columbia University Press, 1981, P.35.

(2) Felix Adler, *An Ethical Philosophy of Life : presented in its main outlines*, D.Appleton and Company, 1919, PP.137-138.

(3) *Ibid.* P.138.

(4) Horace L.Friess, *Felix Adler and Ethical Culture : Memories and Studies*, PP.140-141.

(5) *Ibid.* P.259.

(6) *Ethics and Religion*, Edited by The Society of Ethical Propagandists, Swan Sonnenschein & Co., Ltd., 1900, PP.209-240, PP.302-324.

第四章　広島大学大学院時代のＨ・シジウィック研究とその課題

一　Ｈ・シジウィック倫理学の方法

私は昭和二九（一九五四）年四月、広島大学大学院文学研究科（倫理学専攻）に入学した。大学院の講座は「独逸倫理学」と「英国倫理学」から構成され、前者は山本幹夫（空外）教授、後者は森滝市郎教授がそれぞれ担当していた。私は前章で述べた経緯から「英国倫理学」に属し、森滝教授の指導を受けるようになった。当時、国立大学で「英国倫理学」の講座を設置しているのは広島大学大学院のみであった。しかも英米倫理学を研究している人は森滝教授のみであり、助教授以下の研究者の中で英米倫理学を専門としている人は一人もいなかった。森滝教授は原水爆禁止運動のリーダーとしても活躍するようになり、ゆっくりと相談に乗っていただく余裕も十分なかった。しかし、幸い私は大学院入学試験の語学、とくにドイツ語の成績が広島大学院全研究科の受験生の中でトップの地位にあったためか、私に対して期待している感じを受けた。とくに山本教授からはそのように感じられた。

さて私は森滝教授の助言もあってＨ・シジウィックの *Outlines of the History of Ethics for English Readers* から読み始め、英国倫理学の流れと問題を歴史的に検討することにした。

ノートに翻訳しながら考えてゆくことにした。これが完了したのは昭和二九年八月一五日（終戦の日）であった。一読してとくに印象に残ったのはT・H・グリーンであった。しかし私は修士論文のテーマとしてシジウィックの『倫理学の諸方法』をとり上げ、この分析に集中することにした。本書は名著といわれるが、内容の体系的理解は極めて困難であった。シジウィックは分析が入念である上、結論を急いで出さず、用語の比較分析と意味の明確さとに慎重であった。次第に読んでゆくに従って次の三点が主要な問題であることを発見することができた。

（一）　シジウィックのJ・S・ミル批判

シジウィックはミルから大きな影響を受けた。そのポイントは個人の幸福と他人または社会の幸福とはいかにして調和するかということであった。ミルは最大多数の多大幸福のためには自己犠牲は称賛すべき徳であるという。しかしシジウィックは自己の幸福を犠牲にすることは善であるかという問題を提起する。他人や社会の幸福と自己自身の幸福とが矛盾するとき、いずれを選択することが善であるか、又その理由は何であるかという問題である。シジウィックがミルを批判したのは、自愛の原理が認められなければならないと考えたからである。シジウィックによれば自己犠牲の徳はミルのような社会改革者にとっては英雄的徳として称賛されるが、誰にも勧められる徳ではないという。

（二）　功利主義と「常識道徳」との関係

功利主義はシジウィックによれば「常識道徳」として不完全ながら具体化されているとされる。かれは約束を例にあげ、その問題点と課題とを以下のように述べる。「私がAとあることをする約束をしたと想定してみよ、私がその約束を実行する前に、それはAを傷つけるおそれがある理由に気づく。状況は全く同一であり、ただ状況についての私の見解は変化した。Aが違った見解をとり、その約束の履行を要求するならば、Aに従うことは正しいか。[1]」この場合、シジウィックがAと約束した品物は倉品に関するものであった。シジウィックはそれが毒物であることを知っており、Aはそれが健康食品であることを確信している。この場合、この約束を履行することが正しいか。常識は明確に答えることはできない。

シジウィックは約束が拘束力をもつのは二人の当事者において約束が明確に理解されている限りにおいてであるという。引用文に示されている例では私（シジウィック）とAとの間において一度約束をした後、私が以前とは状況認識が変化したため、約束の履行に疑問が生じたため、約束の破棄をどうAに伝えるかが問題となった。常識はこれを解決する規準を示していないとシジウィックはいう。普通の場合は常識のルールが問題を解決するが、予想外の毒物を含む商品の売買の約束の場合、約束の破棄をどう伝えるかのマニュアルはないから、約束の破棄の条件等が問われてくるのである。詐欺が横行している現在この問題は注目してよい一例である。シジウィックは解決の五条件をあげる。第一は約束者が受益者の理解した意味を理解していること、第二は受益者は約束を解消する地位に今もあること、約束の履行は受益者又は約束者に有害でであるとわれわれが信じていないこと、約束して以来状況が変化していないこと等である。[2]

（三） 快楽主義の逆説とその擁護

シジウィックはベンサムの「最大多数の最大幸福」の基礎をなす快楽主義を継承する。しかし快楽主義はグリーン等によって自己敗北の理論として批判されてきた。シジウィックは「利己主義的快楽主義の根本的逆説」を主張することによって快楽主義を擁護する。「私はこのことから快楽の追求は必然的に自己敗北し、無益であると推論するのではなくて、利己主義的快楽主義の原理は人間性の法則の正当な知識によって応用されるとき、実践的には自己を限定すること、すなわちそれが目指す目的を達成する合理的方法はわれわれがそれをある程度無視し、直接的にそれを目指さないことを要求すると推論する。私は以前この結論を『利己主義的快楽主義の根本的逆説』とよんだことがある。しかし、それは逆説として示されるけれども、一度その危険が明確に見えたときは、その実践的実現において何らかの困難があるようには見えない。(3)」

二　シジウィックの直覚主義と「実践理性の二元性」

シジウィックの思想的立場は直覚主義に基づく功利主義である。かれはバトラーの直覚主義から影響を受け、これを功利主義の哲学的基礎とする。これがどのようにして展開されてきたかについてかれはその回顧を『倫理学の諸方法』の第六版の「序文」(XV-XXi)の中で述べる。以下、その要点を紹介し、かれの問題意識を明確にしたい。まず、シジウィックはJ・S・ミルから「心理学的快楽主義」(各人はかれ自身の幸福を求める)と「倫理的快楽主義(各人は一般幸福を求めるべきである)との二つの要素から影響されたが、二つの命題の一貫性に最初は気づかなかったという。かれはこれら二つの快楽主義について以下の疑問をもつ。各人が自分自身の幸福を求めること（事実）と各人が一般幸福を求めるべきである（義務）との間には深い食い違い（不一致）がある。かれはこの不一致は「利益と義務」との関係をどう考え、どう調和させることができるかという問題に発展するという。シジウィックはこの調和は「根本的な直覚」なしには不可能であると予想する。そこで、かれは、まず、カント倫理学の根本原理を再検討する。その原理とは「あなたがたが普遍的法則であることを意志することができる原理または格率から行為せよ」ということである。カントはこれを理性の命令と考える。シジウィックはこれを以下のように解釈する。

「私にとって正しいことはどんなことであっても同じような状況におけるすべての人々にとって正しくなければならないということ―これが私がカントの格率を承認した形式であった―は確かに根本的にしてかつ確かに真であり、実践的重要性を伴うように見えた。」シジウィックはミルの「倫理的快楽主義」をカントの公理によって基礎づけることができるであろうと考えたが、それは「私利（self-interest）の義務への従属を最終的に解決しなかった」という。シジウィックの根本問題は「私の幸福と一般幸福との間の葛藤」がいかにして解決されるかということにあった。カントの公理は普遍的原理（正義の原理）を示したが、「私利（私の幸福）との関係をどう考えるかという問題に答えていないとシジウィックはいう。

シジウィックは人間を「合理的利己主義者（Rational Egoist）としてとらえる。この人間観はホッブズの「自己保存」の線上に位置づけられるとかれはいう。かれは「合理的利己主義者」は一般幸福よりもかれ自身の幸福を選択することが正しいと判断するであろうとし、以下のようにいう。「私は別のある人がかれ自身の幸福と一般幸福との中で選択すべき、苦しい必然性がやってきたとき、その人は合理的存在者としてかれ自身の幸福を選ぶに違いない、すなわちかれはかれ自身の原理に基づいてこうすることが正しいことを全く認める。[4]」シジウィックはこのように考え、カントの公理に対して「合理的利己主義者」としての判断を認める。この要求を基礎づけたのがJ・バトラーである。シジウィックはバトラーが「利益、私自身の幸福が明白な義務であること」、「合理的自愛は【人間本性における二つの主要な、あるいは優れた原理の一つ】である」ことを明らかに認めたことを知った。すなわちシジウィックは「支配的能力の二元性」あるいは、「実践理性の二元性」を認める。(*The Methods of Ethics*, XiX)

問題は各人が自己の幸福を追求すべきであるという合理的自愛の要求と功利主義が要求する一般幸福とがいかにして調和するかということである。シジウィックはこの目的のために共感の原理および宗教を再検討したが、最終的な調和に至らなかった。シジウィックの理論構成が改めて問われる課題が残されたといえる。

三 グリーンのシジウィック批判とJ・ロールズの正義論

グリーンとシジウィックとはラグビー校以来友人であったが、その思想的立場は異なる。グリーンは『倫理学序説』においてシジウィックの快楽主義を批判することによって自我実現論の立場から人間の完成を主張する。これに対してシジウィックは『倫理学の諸方法』において

J・S・ミルの功利主義を直覚主義に基づいて発展させ、「実践理性の二元性」を主張する。グリーンは理性に立脚し、自我実現の一元論を主張するのに対してシジウィックは理性の二元性を主張する。合理的自愛と合理的仁愛とはこの二元性を示すシジウィックの立場である。グリーンは自我意識を識別と統一の両作用から道徳的行為を見るのに対し、シジウィックは分析的方法によって善の意味を吟味し、論理の明確性を明らかにする。

　グリーンはシジウィックの二つの原理が快楽の対象に関して誤解を与えるとして次のように批判する。「仁愛」(benevolence) は仁愛的行為をしたい欲求―たとえば医師等は患者に対してケアを通して何らかの医療を施したい欲求―をもつが、これは医師等の個人的満足(快楽)のためではない。この種の快楽は治療によって患者が回復すれば結果として経験されようが、この経験と仁愛的行為の目的とは違う。仁愛は他人の善への願望であってこれは快楽への欲求と同一にされるべきものではない。仁愛の直接的目的は患者の病気等を治療する行為それ自身であって、快楽は医師等にとっては第二次的経験であるにすぎない。他人の善への欲求と快楽への欲求とは区別されなければならない。グリーンは「他人の善への欲求は、かれらにとってはその最大善が諸快楽にあると理解されても、それを楽しませる人の側の快楽ではない……。[(5)]」と述べた後、「さてその仁愛は仁愛的行為をなすことの快楽以外の、ある人への何らかの快楽への欲求として考えられるべきではないことは、……モラリストたちがすでにほとんど合意に至っているようにみえる少数の論点の一つである。[(6)]」という。グリーンは以上のように述べた後、仁愛と合理的自愛とは調整されるべき二つの原理であるという。シジウィックはこの調整を理論的に試みたが、失敗に終わった。それは二つの理由があった。第一はこれら二つの原理を統一する原理がかれの理論に欠けていたことである。仁愛と合理的自愛を直覚主義として発見したことはかれの功績であったが、これら二つは対等の、並列した原理として位置づけられ、これらを統一する第三の原理を発見するに至らなかった。グリーンはこの原理を最高の徳としての「誠実」（'singleness of heart'）に求めた。「真の善」はここにあるとグリーンは主張する。

シジウィックの「善」はJ・ロールズの『正義論』（一九七二）の中で注目され、論評されているので、その一部分を紹介しておきたい。ロールズはシジウィックの「全体としての善」に注目する。ロールズによれば善とは現在および未来を展望し、行為の可能的諸結果を比較することによって選択される「全体としての善」である。「われわれはシジウィックの考えを計画の選択に適用させて以下のようにいうことができる。ある人にとっての合理的計画は（合理的選択の計画原理および他の諸原理と一致する諸計画のなかで）その人が熟慮的合理性をもって選択するであろうものである。[7]」シジウィックはこれに対応する説明を以下のようにしている。「人間の『真の善』は、かれに開かれている行為のすべてのいろいろな方向のすべての結果が実際に経験されたときは、それらが引き起こすであろう欲求または嫌悪に釣り合った、ある衝動の力を実際にはたらかせていたならば、かれが全体として欲求するであろうものであるといわれなければならない。[8]」

シジウィックの「真の善」は「全体としての善」である。「全体」とは行為についての動機と結果とを総合的に熟慮し、洞察した上で考えられた行為の全体である。ロールズによればそれは過去、現在、未来を展望し、判断する善である。だからそれは「熟慮的合理性」とよばれる。ロールズは善と正義との関係を考える。まず、ロールズはは正義を功利主義的目的よりも優先する位置に置き、善（合理的計画）が正義によって秩序づけられるという。ロールズは正義の第一原理を「各人は他人の同じような自由と両立する最も広範な基礎的自由への平等な権利をもつべきである。」(9)と定義する。かれは社会の視点から自由を考える。しかし、この自由は他人の自由と両立し得る自由である。ロールズはこの観点から分配の平等に力点を置く。これに対してシジウィックは生産に力点を置き、「最大多数の最大幸福」に貢献する経済活動（生産量を最大にする活動）を重要視する。ロールズの観点から見ればシジウィックの自由は社会的弱者（貧しい階級）と社会的強者（富裕階級）との格差をもたらす。功利主義は分配よりも生産に重点を置くが、ロールズの正義論は自由の平等の観点から分配に重点を置く。ロールズが正は善に優先すると主張するのはそのためである。ロールズが「善（合理的計画）は秩序づけられなければならない」というのは正義が社会の形成原理として考えられているからである。この形成原理をロールズは「人格の統一」とよぶ。

ここで「人格の統一」と正義との関係をまとめておきたい。ロールズによれば人間性の内には目的への欲求があり、これを実現する計画的能力がある。欲求は多様であり、その目的も多様である。そこでこれらの目的を秩序づける原理が必要である。かれは人間性の内にはこの規制原理があるという。ロールズはこれを「正義の感覚」とよぶ。「人格の統一」は「正義の感覚」によって善の諸目的を規制し、調整し、調和することを可能にするとされる。ロールズは社会の貧富の格差は正義の原理によって人びとの自由が両立できるように是正することが可能であると考える。格差を是正するためにはコミュニティの成員の貧富の格差を完全になくする方向においてではなくて、富める者がその所得を貧しい者に再分配することによって格差を是正することができると考える。ロールズが功利主義の生産論よりも分配論に重点を置いた理由を改めて知ることができる。

以上、私はシジウィック倫理学の概要を述べた。私は昭和三一（一九五六）年二月、修士論文「英国倫理の社会的政治的構造」（四〇〇字原稿用紙二九四枚）を提出した。参考論文として「第十九世紀の英国思想界に於けるシジウィックの位置」（四〇〇字原稿用紙八七枚）、「H・シジウィックの政治学に於ける諸問題—主として倫理学との交渉を中心として—」（四〇〇字詰原稿用紙八八枚）を提出した。これらの論文を提出した後、私の反省と課題は次の三点であった。

第一はシジウィック倫理学の研究によって今後の課題となったことは個人の幸福と社会や他人の幸福との関係をどのように考えるかということであった。シジウィックは「実践理性の二元性」の調和に失敗したが、この調和はいかにして可能であるか、自己自身の善と他人の善との統一はいかにして可能か、善は快楽であるか、といった問題を再検討することが第一の課題であった。第二はシジウィックの方法論に立って今後以上の問題を解決する展望は得られるかということである。かれは功利主義と直覚主義（哲学的直覚主義）との調和の理論的試みは最終的に成功したといえるか。その試みは中途半端に終わった印象が私の心に強く残った。シジウィックの方法論に従って個人の幸福（善）と他人・社会の幸福（善）との調和とを理論的に進めることによってこの調和の展望は見えてくるかという疑問が起こった。シジウィックの方法は分析的方法にって利己主義、直覚主義、功利主義の三方法の比較によりそれぞれの独立性を評価しながら三者の統一的関係を探究しようとするものであった。シジウィックの優れた歴史的知識によってこの試みは可成り成功したように見えるが、これによって新しい理論を提供し、若い人々に社会の変革に向けた情熱を起こすものではなかった。第三はシジウィック倫理学の立場は「実践理性の二元性」に見られるように、理性を二元的に見る発想であり、その哲学的立場は合理的自愛と仁愛との二元論である。二つの原理は理性にその基礎をもつが、行為の実践においては理性は分裂する。理性は二つの原理であるから、二つの原理は矛盾しないかもしれないが、二つの原理はその軸足を欲求（快楽を最終目的とした欲求）に置いているから、理性と欲求とが常に同一歩調をとることができるか、という根本問題がある。これら二つの能力を調和する第三の原理は何であるか。シジウィックはこの問題を示していない。かれはこうした問題には関心がなかったのかもしれないが、合理的自愛は、「合理的」とはいわれるものの、仁愛との調和を考えずには前進することはできない。こう考えると、理性は愛（人間愛）と本来一つであると考えざるを得ない。こう考えられるとすれば理性と愛とを一つにした第三のコンセプトが求められてくる。あるいはこれら二つが自然に顕現する心の広さと平静とが求められよう。バトラーを評価したシジウィックであるからこの方向が当然期待されるが、シジウィックの倫理思想の体系にはこの第三の視点は見えていない。ここに「実践理性の二元性」の課題がある。

註

(1) H.Sidgwick, *The Methods of Ethics*, Sixth Edition, Mcmillan and Co., 1901., P.308.
(2) *Ibid.*, P.311.
(3) *Ibid.*, PP.136-137.
(4) Preface to the Sixth Edition of *The Methods of Ethics*, 1901, P.XViii
(5) T.H.Green, *Prolegomena to Ethics*, Fourth Edition, The Clarendon Press, 1899, P.270.
(6) *Ibid.* P.271.
(7) John Rawls, *A Theory of Justice*, Oxford University Press, paperback, 1973, P.417.
(8) H.Sidgwick, *The Methods of Ethics*, P.112.
(9) John Rawls, A Theory of Justice, P.60.

第五章　グリーンの思想体系と自我実現の原理

一、グリーン研究の動機と経緯

私は昭和三一年四月から博士課程に進学した。これからの研究テーマを何にするかについては、修士論文を提出した同年二月から考えていたが、シジウィックをテーマにすることは、前章の最後に述べた理由から私の問題意識に答えられないと考え、T・H・グリーンの「自我実現」が私の大きなテーマとなりつつあった。なぜグリーンへの関心が強くなっていたかについては二点をあげることができる。第一は本書の第二部第一章で述べたように旧制中学校三年生、四年生（一五歳から一六歳）のとき河合栄治郎の教養書を読んだことが契機であった。将来の進路や生き方について真剣に考えていたこの時期に河合が説く人間の生き方についての本を読んだことはグリーン研究の原点になっていたことを思い出さざるを得なかった。それは生徒の生き方や学習に強いインパクトを与え、その後私の意識の底に潜在しつづけていた。具体的には河合の影響は弁論部への入部と文章の書き方に強い影響を与え、私の「自我の成長」に大きな変化を与えたことは確かである。第二はものごとに敏感な一五歳前後に私は父親への絶対服従（戦時中から戦後にかけてはこれが子どもに要求される家族の道徳）から自由になりたいという強い独立心があったことである。この性格が青少年期の生き方を考えさせるようにしたことである。これは私に次第に理想主義の生き方を促した。戦後（昭和二一年）、私が中学校三年のとき、岡山県吉備中央町の寒村の谷川の雑草の中に転倒していた進駐軍のジープと軍人夫妻を一人で助ける行動に出たのも、勇敢にチャレンジする開拓精神があったからである。[1] こうした経験が大学院博士課程における研究テーマと深く関係していた。

さて私はシジウィック研究からグリーン研究へとテーマを変更するため、指導教授の森滝市郎教授に相談したところ、先生はあまりよい返事をされなかった。しかし、研究テーマを決定することは私の人生を方向づける最重要課題であるため私の本心に忠実であることが責任ある生き方であると考え、教授の意に必ずしも添ってはいないと考えながらも、グリーン研究にこれから一〇年間全力投球することに決心した。森滝教授は温厚な紳士であることは学内で広く知られていた。教授は私の自由を次第に黙認して見守る寛大さであった。昭和三一年四月から私はF・H・ブラッドリの『倫理学研究』（*Ethical Studies*, 1876）の翻訳をノートに書きながらかれの「自我実現」の特色と問題意識について考えた。同年秋の広島哲学会において「F・H・ブラッドリの快楽主義批判」を発表した。その間、グリーンの「自我実現」と比較しつつ、両者の根本的差異を考えた。翌昭和三二年一月からグリーン研究に本格的に着手した。すでに、グリーンについては大学院に進学した昭和二九年四月以降断片的にはその自我実現の知識をもっていた。というのはシジウィックの『T・H・グリーン、ハーバート・スペンサー、J・マーチノーの倫理学』（一九〇二）を読んでいたからであった。本書はシジウィック没後二年目に刊行された遺稿ともいうべきものであった。この中の「グリーンの倫理学についての講義」をシジウィック研究の参考として読んでいたからであった。これらを再整理しながらグリーンの主著『倫理学序説』（一八八三）を毎日図書館で入念に分析し、一語一語の用語の意味を比較し、その理解に努めた。今さらグリーン研究をしてその現代的意義は何かという声なき声が聞こえるようでもあった。なぜかといえば二〇世紀のイギリス倫理学の動向はグリーン没後、イギリス理想主義への反動の火ぶたがG・E・ムアおよびB・ラッセルによって切られ、戦後は分析哲学が支配的となっていたからである。この動向に反する一九世紀のグリーンの理想主義倫理学を研究する現代的意義は何かということに対してどう答えるかが私の課題であった。

二つの答えがあろうと私は考えた。まず、西晋一郎訳『グリーン氏倫理学』（明治三五年）以来グリーンの倫理学は本格的に研究されてきていないことである。河合栄治郎の『トーマス・ヒル・グリーンの思想体系』（昭和五年）は画期的なグリーン研究ではあるが、私の本書の第一部において指摘したように、グリーンの思想体系の原理である「永遠意識」や「宗教論」は深く検討されておらず、この原理と他の認識論、道徳哲学、社会哲学、社会思想との関係も深く考察されていない。グリーンの思想全体を理解する上には貴重な貢献であったが、底が浅いために表面的であるという印象を受けた。友技高彦・近藤兵庫訳による『グリーンとその倫理学』（昭和七年）が刊行されたことは昭和初期のマルクス主義の台頭に対抗する理想主義の再評価という点では一定の貢献をしたと評価されるが、倫理学の発展の上から見るとき、パースペクティブな視点がやや乏しいという感じがする。こうした理由からグリーンの倫理思想を歴史的視点から改めて再検討する課題が残されていると考え、「グリーンにおける自我実現の研究」を博士論文として作成し、昭和三八年一一月初旬、本論文を広島大学大学院に提出した。本論文はグリーンの自我実現の構造とその歴史的背景に注目し、アリストテレス、パウロ、カント、イギリス経験論、功利主義を再検討することによって人間完成と共通善との関係を明らかにした研究成果である。

二　快楽主義から理想主義の自我実現へ

グリーンの立場は理想主義の自我実現である。かれがこの理論を主張するに至ったのは二つの理由があった。その一つはイギリス経験論や功利主義を批判することによって時代が求める新しい理論を形成する必要があったからである。もう一つはカントやヘーゲルの思想を再検討し、イギリス経験論や功利主義の人間観を修正する必要があったからである。このことはイギリスの伝統思想を全面的に否定することではなくて、その経験論を再構成する必要があったことを意味する。グリーンが直接批判したのは、ヒュームの『人性論』とシジウィックの快楽主義とであったが、これらの批判を通して人間性における欲求の目的と位置づけとを再検討する必要があったからである。

グリーンはシジウィックの快楽主義が自己矛盾の結果をもたらすと批判する。なぜかといえば快楽は瞬間的に変化し、はかないものであり、それは快楽の総計（総量）には至らないからである。ベンサムの「最大多数の多大幸福」は、人間は快楽を求め、苦痛を避けるという自然観から出発し、その「最大幸福」は「最大快楽」である。シジウィックはベンサム主義を受容し、快楽がいかにして量的に「総計」となり得るかを検討しようとした。この量的総計が可能であるかどうかを問題にしたのがグリーンであった。シジウィックはこの批判に対して「利己主義的快楽主義の根本的逆説」と直覚主義とによって答え、快楽主義を擁護した。「逆説」とは快楽は、これを直接の目的とすることによってではなくて快楽以外の対象（仕事とかスポーツ等）を追求する活動によって随伴する第二次的経験であることを意味する。これはグリーンが主張した欲求の対象を実現することによって自我が満足され、その結果として快楽が享受されるという考え方に近いと見ることができる。しかし、グリーンはこの結論を理想主義の倫理学から導き出すのであって快楽主義から導き出すのではない。シジウィックは快楽主義の逆説を主張することによって利己主義的快楽が成立すると考えるが、問題はこれが「普遍的快楽主義」とどう一致するかということである。これはシジウィックの問題であると共にグリーンが批判する問題でもあった。「実践理性の二元性」がグリーンによって批判されたのは、シジウィックの快楽主義の二つの原理の関係が一貫しているかどうかに疑問をもったからである。

功利主義の基礎である快楽の量と質についてはすでにJ・S・ミルが『功利主義』（一八六一）の中で区別した。ミル自身も快楽主義の哲学的基礎を求めていたことを知ることができる。かれは『自叙伝』（一八七三）の中で以下のように述べている。「私の、幸福があらゆる行動律の基本原理であり人生の目的であるという信念は微動もしなかったけれども、幸福を直接の目的にしないばあいに却ってその目的が達成されるのだと、今や私は考えるようになった。自分自身の幸福ではない何か他の目的に精神を集中する者のみが幸福なのだ、と私は考えた。たとえば他人の幸福、人類の向上、あるいは何かの芸術や研究でも、それを手段としてでなくそれ自体を理想の目的としてとり上げるのだ。このように何か他のものを目標としているうちに、副産物的に幸福が得られるのだ。人生のいろいろな楽しみは、それを主要な目的とするのではなく通りすがりにそれを味わうときにはじめて、人生を楽しいものにしてくれる、というのが私の新らしい理論だった。[2]」この理論はシジウィックの「利己主義的快楽主義の根本的逆」とほとんど一致する。シジウィックの「逆説」はすでにミルによって指摘されていたが、『自伝』はミルの晩年に書かれたものであったからシジウィックはこれを見ていなかったようである。ミルの「新らしい理論」の中には自分自身の幸福と他人の幸福との一致も示されており、シジウィックがそれを読んでいたら参考になっていたであろうと考えられる。

シジウィックは「実践理性の二元性」を調和するに至らなかったが、グリーンは生前シジウィックの仁愛と合理的自愛とはいかにして統一されるかという問題に関心をもっていた。[3]グリーンが「共通善」(common good) を主張するに至った背景にはシジウィックの二元論を解決する意図があったと見ることができる。二元論は自分の幸福（利益）と他人の幸福（利益）との競争を認めるから、両者の間に競争が起こる。その結果は富める階級と貧しい階級との対立が生ずる。シジウィックは『政治学原理』（一八九一）の中で国家干渉によって自由競争の行き過ぎをチェックしたが、倫理学においては仁愛と合理的自愛との矛盾を解決する原理を見出すことができなかった。改めて問われたことは利己主義的快楽主義と普遍的快楽主義との矛盾は哲学的直覚主義によってなぜ解決されなかったかということである。哲学的直覚主義は人間の平等を宇宙の見地から主張するから利己主義的快楽主義と普遍的快楽主義との矛盾・対立を解決することができたはずであるが、問題を残すことになった。

三　自我実現の原理とは何か

グリーンの自我実現論はシジウィックの二元論をどのようにして解決することができるであろうか。この解決を検討するためには、功利主義の人間観が利己主義を容認することにあることが指摘されなければならない。シジウィックの「利己主義的快楽主義の根本的逆説」の言葉が示しているように、快楽主義は利己主義に基礎を置いている。人間性の内には利己主義の根源である「利己心」が内在していることは東西を通して認められてきた。同時に利他心ともよばれる「仁愛」(仁恵)も内在すると認められてきた。問題は己れを愛することと他人を愛することとが、人間性の深い部分においては一つの愛であることがいかにして認識され、自覚されるかということである。利己心が仁愛よりも強いように見えるが、良識のある多くの人々は仁愛を評価する。仁愛を高く評価する人は利己心はどのように秩序づけられているのであろうか。利己心をコントロールせよ、といわれただけでこれを簡単に納得する人はいないはずである。そうだとすれば、利己心は良識のある人にはどのように位置づけられているのであろうか。あるいは他人より劣っていると考える人の中にはその劣等感から関係のない他人を殺害するという行為が起こっている。こうした人も仁愛の心がないわけではない。問題は劣等感が人間性の中で合理的に位置づけられていないことである。利己心も同様である。

自我実現は以上の問題を解決する一つの倫理的方法論である。それは単なる技術論ではなくて人間性の深い洞察に基づく積極的生き方の理論である。では、グリーンはこれをどのように考えたであろうか。かれは次のようにいう。

「しかし、意志の自然的衝動はこのようにして自我実現の原理の働きではあるけれども、この原理が完全となりつつあり、それがあるべきものであるものを実現しつつある意識において見出されるにすぎない満足を見出すことができるのは、諸衝動の満足によってではない。この満足にそれ自身接近するためには自我実現はその働きをさらに前進させなければならない。それは『自然的諸衝動』を、これらの絶滅またはその対象を否定したりする意味においてではなくて、それらの衝動をより高い諸関心（それはある形式において人間の完成をその目的とする）と融合する意味において克服しなければならない。われわれはこの融合への接近をすべての善人の中に気づくであろう。それはすべての自然的情念、愛、怒り、誇り、野心がある偉大な公的大義の奉仕の中にリストアップされている人々においてのみならず、家族を教育するといったようなありふれた考えによってこれらの情念が統御されている人々においてもである。(4)」

ここに述べられている思想を若干補足説明しておこう。人間はその本性において誰も自己を生かそうとする。この表現は人によって多様であるが、自分もよりよく生き、他人も同時によりよく生きることが本来求められている。それは他人が自分に求め、期待しているだけでなく、自分自身の人間本性も求め、期待しているのである。自我実現の原理は生きようとする意志の合理的表現である。悪や不正の行為をすることが他人や社会から非難されるとき人間の本心は楽しく生きたい欲求・衝動である。人間はこれを誤解し、他人を邪魔物と見て、これを排除しようとする。この矛盾を冷静に洞察し、これを合理的に解決する方法を発見しなければならない責任が本人に求められる。自我実現の理論は各人に葛藤や矛盾から立ち直る示唆を与える。それは決して人間の衝動を最初から否定するのではなくて、それをプラスの方向に生かそうとする理論である。

グリーンの自我実現において重要なことは自然的衝動を「ある偉大な公的大義」と融合することである。「公的大義」とは社会的善を意味する。この目的に利己心や劣等感を向け、それと一つになるように高め、合理化することである。こうすることによって自然的衝動の方向を転換することができ、自然的衝動を善の行為へと修正することができる。こうし実例は歴史上に示されてきた。グリーンはナポレオンを例にあげている。野口英世もそのハンディキャップをバネとして医学の道に進んだ人である。さらにパラリンピックにおいて金、銀、銅のメダルを獲得した日本や世界の選手は子どものときの何らかの理由で身体の部分が不自由になったことを一つのバネにして一つのスポーツに打ち込んできた栄冠の実例である。それは大変な成長過程であったと想像されるが、多くの若い人々に夢と希望とを与えるモデルである。問うべきことは何が各人にとってやり甲斐のある目的であるかということと、一度発見し、やり始めた目的の達成に向かって継続する努力とである。これらの二つの条件が実は自我実現の条件であり、成長の条件である。グリーンもいっているように、「公的大義」の目的は、それが何であれ、「人間の完成」の意味をもっていることは注目すべき点である。

四　共通善と福祉との同一性

グリーンは人間が快楽の連続を追求することは「永久的自我の永久的満足への要求」に反するという。グリーンは人間の本性を「霊的要求」(spiritual demand) と見る。この観点に立つグリーンは快楽をいかに連続させても最後の快楽が最初の快楽よりも満足により近いわけではないという。かくしてかれは自我はいかにして満足されるかという問題に移る。ここで注目すべきことはグリーンが考える自我は心理学的な意味における自我ではないということである。自我とは永遠的意識が人間の動物的有機体を媒介として自己再現した個別的自我である。自我が「永遠の心」とよばれるのは、自我が永遠的意識または「神的原理」の意識であるからである。それが単なる快楽に満足しないのは、それが永遠的満足を絶えず求めているからである。この意味におてグリーンは「永久的福祉」を「生活の秩序」と同一視する。グリーンは以下のようにいう。「人間がかかる福祉を期待してその実現を予想する対象は、われわれがすでに見てきたように、人間が社会の一員としてのみかれ自身に対してと同じように必然的に実現されるものと考える対象である。自我と他者との対立はそのように構成された福祉の考察の中にははいってこない。[(5)]」

グリーンがこのようにいうのはシジウィックにおいて仁愛と合理的自愛との対立が考えられ

ていたからである。しかもかれは両者を抽象的に考え、その調和を具体的に試みようとしなかったからである。グリーンがここでいう「対象」とは「家族への提供から公衆衛生の改善あるいは哲学体系の生産」に至る社会の秩序が決定してきたいろいろな関心の成功的追求の対象を意味する。これらの対象は永遠的意識から見れば個人および社会にとっては同一性として見られる。なぜかといえば真の福祉の理念の中には自己自身の福祉と他人のそれとの同一化があるとかれは考えるからである。かれがこのように考える理由は真の善は自分の善と他人のそれとの区別を許さないと考え、真の善は共通善であると主張するからである。かれはこの点について次のようにいう。「真の善はすべての人々にとって同一であり、かれらにとって善はすべて同じ性質と能力とをもっている。一方の過程は他方にとって補足し合う。なぜかといえばその追求において利害の競争が全くあり得ない唯一の善、それを追求するすべての人にとって実際に共通である唯一の善は、善であるべき普遍的意志、各人の側でかれ自身の人格および他人の人格における人間性を最も生かそうとする固定した性質にあるからである。すべての人々に対する善の共有の確信は、相互的奉仕の理想への献身以外の何かがわれわれの善の観念を形成する目的である限り、その善と真に調和することはできない。[(6)]」

これを読むとき、共通善の根本を支える確信がグリーンにおいては「相互的奉仕の理想」にあったことを知ることができる。この奉仕は具体的には人々を援助したり、援助されたりする行為である。グリーンがアイルランドの小作農民の貧困を救助するために土地所有者との契約の自由主義立法の制定やオックスフォード男子高等学校の設立のため市の参事官として活躍した源泉はすべて農民や市民への奉仕の理念にあったことを確認することができる。共通善とは人々が善を共有するという意味であり、グリーンは社会改革のための立法こそが善を共有するための最善の方法であると考えた。かれが禁酒運動に熱心であったのもその時代背景には労働者の中に飲酒の習慣から市民としての責任感が薄れ、国や地方の選挙に対する投票率が低下したからであった。かれが夫人と共にオックスフォード市に女性が入学することができるレディ・マーガレット・ホールやサマーヴィル・カレッジの設立にE・ケアドと共に女性の高等教育運動に参加し、これらの大学を設立することに熱心であったのも「相互奉仕の理想」からきていた。こうした市民活動を支えたものは理想主義への信念であり、これはキリスト教の信仰と深く結びついていたことに注目する必要がある。

グリーンが共通善を主張する背景にはもう一つの問題があった。それは市民社会が共通善の理念に基づいてつくられたといわれながら他方では社会の恵まれていない成員にとって共通善が享受されていないという事実があるということであった。グリーンが直接的に念頭にあったものは奴隷制度であった。リンカーンが一八六五年暗殺されたときグリーンは大きなショックを受けたという。人種差別に対するグリーンの反対があったからである。その後、資本主義社会は競争の社会となり、恵まれた階級と恵まれていない階級とが対立するようになる。グリーンはこのような社会において大切なことは善として追求される対象の実現が他の人々にとっても善への貢献であるという善の共通性の認識を発展させることであるとし、次のようにいう。

「一般に善として追求される対象が、各人によって達成され、あるいは達成に接近しつつあることそれ自体が他のあらゆる人によるその対象の達成に貢献する心または性格の状態となるまでは、社会生活は戦争の状態でありつづける…。[7]」かれが「相互奉仕の理想」を主張したのはこのような問題意識によるものであった。この思想を実践をしたのがかれの弟子の経済史家として有名になったA・トインビーである。

五　自我実現の理想と人間の完成

自我実現の究極的目的は人間の完成である。グリーンはこの目的は無限の彼方の理想と考えるが、現実の自我の実現と無関係ではないと考える。人間がこの理想を実現する手がかりは何であろうか。グリーンはこれを理性と意志とに求める。意志はすでに見たように、自然的衝動を含むが、同時にこれを理性によって合理的に方向づける柔軟性をもつと考える。これがどのようにして可能であるとグリーンは考えたであろうか。

グリーンによれば理性とは人間完成の観念であると定義される。意志とは自我満足の観念である。意志は衝動を含んでいるからその満足が直ちに自我の真の満足ではない。それは自己矛盾に至ることも十分あり得る。意志が真に満足されるためには理性の要求あるいは指示に従って意志がこの要求・指示に一致するように努力することが求められる。これが自我実現とよばれる。この理論の究極目的は意志と理性との完全な調和あるいは統一である。グリーンはこれを神とよぶ。現実の自我は理想の自我（理性と意志との完全な統一）に向かって自己発展する。これはグリーンによれば自我実現の過程である。この過程にある人間は不完全であるが、この現実に停滞するのではなくて絶えずより完全になるように一歩一歩進む。これが自我実現の努力である。人間はこうした自己改善への要求を本来もっているが、常に必ずしもこれを意識しているとは限らない。多くの場合人間は過去の惰性によって流れ、ときには退歩し、ときには過去の習慣の繰り返しの行動をする。これに気づいても今直ちに自己改善への第一歩を踏み出すわけではない。気づいたときは理想の目的と現実との間に大きなギャップがある。このような状況において意識されるのが「よりよき自己自身の状態」であり、これを指示するのが「よりよき理性」(better reason) であるとグリーンはいう。この理性の源泉は「最善のもの」(a Best) であるとグリーンは考え、両者の関係をつぎのように述べる。

「最善のものが存在するという観念がその源泉であったよりよきものへの実践的努力は人事の世界においては最善のものに一層ほとんど接近し得る道が見える人に十分明らかにするような効果をあげてきた。[8]」これにつづいてグリーンは以下のように述べ、「最善のもの」は「神的意識」においてすでに現われていると指摘する。「われわれは以下のことを当然のことと思っているように見える。人間にとってある最善の状態がある、最善とはそこにおいて人間の諸能力が十分に実現されているという意味であること、それゆえそこにおいてのみ人間は、自我満足を求める努力において事実その達成と矛盾する仕方で絶えず行為しても、自己自身を満足させることができるということである。さらに、われわれは次のことを当然のことと思っているように見える。人間のこの最善の状態はすでにある神的意識に現われており、その結果それを達成することは人間の使命であると適切にいってよいこと、このような状態が存在するという、まだ充実も実現もされていないが、依然として働いている観念がそれによって人間がこれまで自己自身を改善してきたプロセスにおいて本質的な影響力であったこと、そしてわれわれの内で絶えず働く観念はそれ自身を顕現してきた行動と制度への反省から得られた成長の明確さと共に、言葉の本当の意味において性格や行為が道徳的に善であることの条件であるということである。(9)」

以上の説明からいえることは、すでに若干紹介したことであるが、グリーンは自我を一つの永遠的精神（eternal mind）の再現として見ていることである。人間は動物的生活の制約を受けながらも自己を客観的に見ることができ、最善なるものを意識し、これに向かって努力する。それは絶えず人間に働きかけ、自我を意識させ、人間の使命を成就することを可能にするからである。人間は永遠意識の絶えざる自己再現によって道徳的活動。すなわち理性と意志との統一を可能にする。しかし、このプロセスには「最善なるもの」と「よりよき自己自身の状態」との間にはギャップがあるが、グリーンはこれを次の前進への一つのステップと見る。最善なるものは完全には実現されないが、それに向かう一歩一歩の活動は永遠的精神の部分的顕現として見られ、本質的には最善なるものとよりよき状態とは結合されているとグリーンは見るのである。この意味においてグリーンの道徳的活動は一つの確信によって支えられており、一貫している。

六　グリーンの自我実現と宗教

以上の「自我実現と人間の完成」における問題点は理性（人間の完成の観念）と意志（自我の満足の努力）とのギャップをどう克服するかということである。自我はグリーンにおいては永遠的意識（又は永遠の心）と現実の自我との間にギャップがある。グリーンは自我実現の原理を「一つの意識的自我実現の原理」とよぶ。この一つの原理は理性と意志とを統一するように絶えず働く。それは人間の内の統一原理である。事実、かれは理想的人格においては理性と意志とは合一すると考える。さらにグリーンは理想的人格を神と同格の位置に置く。グリーンの自我実現はその基礎を「神的意識」としての自我に置いている以上、理性と意志との合一はかれにとっては重要な問題である。

グリーンはこの合一を妨げる要因として利己性（selfishness）、罪（sin）、自惚（conceit）の三つをあげる。これら三要因は他人の幸福および自分自身の幸福を妨げるが、人間は必ずしもこのことを意識しているわけではない。グリーンはこれらが道徳的生活を妨げているのみならず、信仰への道をも妨げるという。今までの考察においては利己性が自我実現を妨げるものとして検討されてきた。利己主義が共通善の実現を妨げてきた。すなわち自分の利益を優先的に考えようとする衝動が起こるところに他人を傷つけ、不幸にする原因があるわけである。利己心は、しかし、これを共通善の方向に転じさせるならば、正しく実現され、公共の利益の原動力ともなる。このような転換の力は理性と意志とを統一する自我実現の要求によって創造されるとグリーンは考える。この力をさらに確信にまで高めるものが宗教であるとかれは考える。この場合宗教とはキリスト教であることはいうまでもない。グリーンは人間、神、利己性、罪の関係について次のように説明する。

「人間と神との間に意識の同一性がなければ、人間は罪人ではなだろう、なぜかといえば罪の条件はこの同一性が存する自我のあの意識であるからである。しかし利己性と罪の源泉は罪を克服するものの源泉でもある。罪は現実化され得ないもの、すなわち快楽の中に自分自身の可能性を現実化する努力である。罪はその目的を達成するもっと真実の方法へ自我実現の努力を向ける道徳的訓練によって次第に克服されながら力を獲得してゆくように見えるであろう。そしてこの訓練は失敗と失望との絶えざる感覚、後悔と絶望、自己軽蔑と自責（これらに対しては自己探求的主体のみが感じやすい）にある。かくして『道徳的思慕』を通してわれわれはより高い対象へと登ってゆく。自我意識から生まれる影響力を通して、満足させることのできないものによる自我満足の観念に代わってそれ自身永遠的であるようにみえる生活によって現実化される自我の観念が道徳的動機となる。そこで罪はそれ自身罪人の意識に対してではないけども最終的実在ではなくて、それが克服される自我のこの適切な現実化の可能性にすぎない。神がこの適切な現実化、すなわちわれわれのすべての可能性が相対的である最終的実在であるというとき、われわれは神においては罪としての罪は存在するのではなくて、克服された罪であるにすぎない。同時に（そしてこの真理は他方の補足である）が、われわれの自我としての可能性において神がわれわれに対して自から自己自身を伝達するのでなければ、われわれは罪人ではないであろう。[10]」

ここには重要な点が指摘されている。第一にグリーンは人間と神との同一性を考えていることである。これは自我意識においていえることであって、表面的外面的に見られた感覚的欲望レベルよりも深い洞察による意識である。これをグリーンは「自我の意識」とよぶ。この点から見るとき、この意識は二層の意識を関係構造としてもつ。最も基礎的な意識が永遠的自我意識であり、この上に動物的意識が位置づけられる。この意識を媒介として、しかもこれに左右されることなく、永遠意識の再現によって罪の可能性が克服される。これが第二のポイントである。ではこの克服はいかにして可能であろうか。自我意識は永遠意識の根本的要求に基づく「道徳的訓練」によって表面的自我意識の矛盾を克服するように働きかけるとグリーンはいう。その矛盾が「失敗と失望との絶えざる感覚」等の諸経験である。このようにして罪は克服されると共に新しい力を獲得する。このプロセスが自我実現の努力である。自我実現とは人間性の深奥において真実に生きようとする声なき声の生命の叫びであると理解することができる。この声は理性と意志との合一への静かにして力強い要求である。グリーンの「人間と神との間の意識の同一性」はこれをいっていると解釈することができる。要するにこの意識は道徳的意識として現われ、具体的には心身の働きを統一する自己訓練として現われる。宗教的意識と道徳的意識との接点は「祈り」にあるとグリーンがいっていることは以上のようにして理解することができる。かれは「祈り」はそれ自身が答えであってその外に答えを求めて跪くのではないという。

「あなたがたは祈りに対して外的答えを求めるな。あなたがたの祈りは、有徳の行動がそれ自身報酬であると同じように、それ自身答えであるだろう。祈りは事実、それが正しいものであるならば、すでに初期の行動である。もっと適切にいえば、まだ外的なしるしとなっていない道徳的行動である。それは神の意識による欲求の決定であり、絶対的法則の概念を実現し、われわれの真の使命を成就し、人間愛を発展させ、世界に神を再現する努力として道徳的に善い生活を組織するあのプロセスの出来事である。祈りも生活もそれ自身を超えたものへの手段ではない。それぞれはそれぞれを可能にする神的原理の表現または実現である。あなたがたは祈る前に神の観念の確証を求め、あるいはあなたがたが絶対的法則の命令に服従して自己自身を否定する前にその法則の存在の証拠を求めることは、その場合の本性が認める唯一の証拠までは確証の利益をあなたがたから奪うことである。あなたがたは神あるいは義務の観念の確証を見出すことはできない。あなたがたは確証をすることができるだけである。神は神の意識の外にあるものでもなく、この意識を超えたものでもない。その意識の確証はそれを表現する祈りと自己否定である。[11]」

祈りは外的行動になって現われていないけれども道徳的行動であるといわれ、それ自身が答えであり、報酬であるといわれる。それは静かな意識であっても外に現われる力強い、積極的な道徳的行動の始まりであると見られているのである。では祈りはいかにして可能であろうか。グリーンはそれは神と理性とのコミュニケーションによって可能であると答える。グリーンは一方では超越的神を考えるが、他方では神を内在的神であると考える。内在的神は理性である。

神は理性とのコミュニケーションによって啓示されると考える。このコミュニケーションによって祈りが、相互に補強し合うことによって信仰がより確実になってゆくとグリーンは考えた見ることができる。それは信仰の妨げとなっている利己性と自惚とを克服することができると考えたと理解することができる。

グリーンは『倫理学序説』の中でバトラーの「静かな時間に座る」ことによって起こる「永続的自我の永続的満足の要求」[12]が仁愛と合理的自愛との同一性の根拠であるという。グリーンが理性と意志との統一が可能となる背景にバトラーの宗教論の影響があったことは注目されるべきであろう。「静かな時間に座る」ことは心の平静の条件である。この状態が維持されることによって始めて「祈り」も可能であり、理性と神とのコミュニケーションを容易にすることができるからである。この点はグリーンの「永遠意識」との関連において今後検討すべき課題である。

註

(1) 行安　茂『道徳「特別教科化」の歴史的課題』—近代日本の修身教育の展開と戦後の道徳教育—』北樹出版二〇一五年．一四三—一四六頁。

(2) J・S・ミル（朱牟田夏雄訳）『ミル自伝』岩波文庫・一九六〇年第一刷、一九八五年第二八刷、一二八頁。

(3) T・H・GTreen, *Prolegomena to Ethics*, Fourth Edition, The Clarendon Press, 1899, PP.271-

272.

(4) *Collected Works of T.H.Green*, Volume 2, Edited and Introduced by Peter Nicholson, Thoemmes Press, 1997, P.327.

(5) T.H.Green, *Prolegomena to Ethics*, P.283.

(6) *Ibid.*, P.296.

(7) *Ibid.*, P.297.

(8) *Ibid.*, P.204.

(9) *Ibid.*, P.204.

(10) *Collected Works of T.H.Green*, Volume 3, 1997, P.226.

(11) *Ibid.*, P.273.

(12) T.H.Green, *Prolegomena to Ethics*, P.282.

第六章　なぜ「河合栄治郎の思想体系」を書いたか

一　「河合栄治郎の思想体系」を執筆するに至った経緯

私が河合栄治郎について書いた最初の論文は「河合栄治郎の思想体系」（『社会思想研究』16巻4号、一九六四）であった。この論文を書いた時期は昭和三八（一九六三）年一二月初旬から中旬にかけての頃であった。私は同年一一月の始めに博士の学位論文「グリーンにおける自我実現の研究」を広島大学に提出していたので、その直後から執筆の構想を練っていた。実はこの頃は京都女子高校に在職中であり、昭和三九年四月から新設の岡山理科大学専任講師として就任がほぼ決定されており、忙しいときであった。私はすでに述べたように、旧制中学校、新制高等学校、岡山大学を通して頭の中に河合栄治郎の人と思想は潜在していた。学位論文が完成したとき、思い出したのは河合栄治郎の『トーマス・ヒル・グリーンの思想体系』であった。グリーンについての知識が私の頭の中にみなぎっている時に河合栄治郎について書いてみようという意欲が内から湧いてきたのであった。

論文題目を「河合栄治郎の思想体系」に決定したのは、「グリーンにおける自我実現の研究」を完成した後、河合栄治郎の『トーマス・ヒル・グリーンの思想体系』は底が浅いようにみえ、グリーンの基本的思想である「自我実現」の研究が十分できていないのではないかという疑問が起こってきたからである。そこで『トーマス・ヒル・グリーンの思想体系』の入門書である『社会思想家評傳』（河合栄治郎選集第一巻、日本評論社、昭和二三年第二版第四刷）と『学生に与う』とを再読した。その結果、十分とはいえないが、「河合栄治郎の思想体系」の執筆に着手した。当時、社会思想研究会の編集委員長は音田正巳理事であった。『社会思想研究会』（16巻4号）に掲載された論文は次のとおりであった。河合栄治郎の「春季特別号」であった。

河合栄治郎の思想体系　行安　茂
河合栄治郎の教養論　伊原吉之助
河合栄治郎の社会主義　佐藤寛行
大衆心理の非合理性と民主主義　塩尻公明

私の論文の内容は次の六つの柱から構成された。

河合栄治郎とグリーン
河合栄治郎の根本思想
理想主義と現代青年
河合栄治郎の理想主義
自我成長論における問題点

当時、社会思想研究会の代表理事は山田文雄と土屋清の両名であり、理事は猪木正道、板垣與一、江上照彦、音田正巳、木村健康、北野熊喜男、気賀健三、佐藤寛行、塩尻公明、関　嘉彦、長尾春雄、服部辨之助、武藤光朗、吉田忠雄であった。顧問は海野晋吉、笠信太郎、蠟山政道の三名であった。河合栄治郎の教え子を中心とした著名な人々であった。しかし、これらの人たちの中でグリーンをとくに研究してい人はいないように見えたが、イギリス思想を研究した人として山田、猪木、木村、塩尻、関等の研究者が含まれていた。本研究会は昭和二一（一九四六）年一一月、「敗戦後の混乱状態にあった日本を再建するために作られた団体」であり、その目的は「日本に民主主義的な社会主義社会を実現すべく、その思想および政策を研究し、かつその成果を普及すること」にあった。

二　河合栄治郎の思想体系とグリーン

私は「河合栄治郎の思想体系」の中で「河合栄治郎とグリーン」について以下のように述べた。「河合栄治郎は独自の思想をもっているとみてよいが、かれの思想構造はグリーンのそれと非常に似ており、グリーンの思想に導かれつつ河合自身の思想を発展させているようにみえる。思想傾向としては両者はよく類似しているが、よく吟味してみると、両者の思想の間には差異があるようである。このことは一つには河合栄治郎が経済学から出発して哲学・倫理学の研究に進んでいるのに対して、グリーンは倫理学・哲学から出発して政治問題や政治思想に関心をよせていることと関係があるようであり、二つには河合栄治郎の思想にやや浅薄さが見られるに対し、グリーンのそれは深さがあることとも関係している。[1]」

　河合栄治郎の思想に対する私の見方は基本的には当時も今も同一ではあるが、グリーンの主著や諸論文に現われている理論の解釈は当時よりも深くなっているので今ではどちらかといえば両者の思想の差異に注目している。河合の思想はこうした差異を含んではいるが、大きな枠組みでは似ている。しかし、河合栄治郎は自己の思想体系をグリーンの思想体系によって構築しようとした観がある。『学生に与ふ』（昭和一五年）は河合の思想体系の雛形であると見られる。とくにその第一部の「教養」㈠㈡はそうである。その他の項目（哲学、道徳、宗教）、第二部の項目（同胞愛、社会、職業）の項目も河合の思想体系の柱となり得るが、これらを体系化したライフ・ワークは生前に現われなかった。河合が晩年に「理想主義体系」の完成に執念をもっていたのは、かれが自己の思想体系の完成を願望していたからであろうと考えられる。

　私は河合栄治郎の『トーマス・ヒル・グリーンの思想体系』について以下のようにコメントをした。「河合栄治郎は『トーマス・ヒル・グリーンの思想体系』なる研究書を公にしており、この研究によってかれはグリーンから思想的にも人格的にも学びとるべきものをうけとったのであろうが、この研究書はグリーンの全思想を概括し、その要点をうまくまとめた点ではすぐれているが、その根本思想を学問的に詳細に吟味したかどうかについてはなお疑問を残しており、今後の研究課題が残されている。[2]」

　「グリーンの全思想」とはグリーンの認識論、道徳哲学、宗教論、社会哲学、社会思想を意味する。「根本思想」とはこれらの五つの思想を結合する根本原理を意味する。グリーンはこの根本原理を「永遠意識」として理解し、この意識が人間のうちの動物的衝動を媒介とすることによって再現すると考える。この再現した意識が自我意識とよばれ、これが知識的活動、道徳的活動、芸術的活動（芸術の理想と意識との同一性）、社会的活動（自他の善の同一性）を可能にする原理であるとグリーンは考えるが、河合はこれらの統一について十分に考察していない。従って真善美等がばらばらに並列されているにすぎない。知的活動と道徳的活動との関係についても同じようにいえる。河合によれば知的活動も道徳的活動も、その源泉は理性であるという。そうである以上、両活動は一つの統一された活動であるが、現実の自我意識においては知ることと善の行為とは分離しやすい。これをいかにして統一するか　理性と意志とはいかにして一致するかについて河合は十分説明していない。

河合の根本思想は現実の自我が理想の自我（人格）に向かって限りなく成長することにある。この成長は無限の自我実現であり、完全に理想の自我を達成することはできない。ここに自我の不満足があり、儚さがある。これは理想（人間完成の観念）と意志（自我の満足を得る努力）とのギャップから生ずる。問題は河合がグリーンの自我実現の過程をどのように理解したかということである。あるいは河合がグリーンにおける目的と手段との関係をどう理解したかということである。

三　理想主義と現代青年

私は右のテーマについて「河合栄治郎の思想体系」の中で以下のように述べた。「現代の青年・学生が河合栄治郎の著書と思想とに直面するとき、どの程度感銘をうけ、どの位それを理解することができるであろうか。人生を真面目に考え、自己を主体的に考え、自己の人生観を確立しようとする学生や青年は河合栄治郎から多くのものを学びとるに違いないが、あまりにも行動的である青年や学生にとっては、河合の思想は観念論として、書斎人の抽象論として受けとられるかもしれない。あるいは河合の思想に共鳴しつつも、それに完全にはついてゆけない人もいることであろう。現代において理想主義は当然生きており、かつ生かされるべきものであるが、それが目立たないために、他の諸思想に飛びつきやすい人々の多いのが目につきやすいのであろう。青年から理想を除外してしまったならば、一体その青年の魅力は何であろうか。もっとも理想を抱いているという青年がいたとしても、人々によって理想の内容が異っておるのは当然であるが、理想と夢想とは混同されてはならないし、実現される可能性のない理想も無意味であろう。実現される可能性のある理想でなければ、現実を向上せしめる力とはならないであろう。河合やグリーンが考えている理想はこうした現実に立脚して考え出された理想を意味しているのであって、単なる抽象的理想ではない。(3)」

この論文を書いていた当時（一九六三―六四年）の日本の学生は次第に学生運動が高まっていた時代であった。その思想は唯物論に基づくマルクス主義であった。小中高校の教職員も教職員組合の活動が激しく、私の勤務していた高校（私立）の若い教員は賃上げ闘争に明け暮れている観があった。私は教職員組合に加入することをたびたび強く勧誘されたけれども拒否しつづけてきた。そのため職員室等で孤立していた。かれらは組合運動には熱心であったが、毎日の授業には不熱心である教員が少なくなかった。こうした環境の中で理想主義に生きることは人間関係を悪くすることもあったが、中には私の生き方に理解を示す教員もいた。河合栄治郎がいったように人生観を確立することが私にとっては急務であった。当時、評論家として有名であった大宅壮一は朝日新聞紙上に「現代男性論」の統計結果を紹介していたので、私はこのデータを私の論文に紹介した。

「ある電力会社において全従業員に対し、会社の仕事とレジャーによる趣味・娯楽と家庭の建設との三つの中でどれにいちばんいきがいを感ずるかとたずねたところ、従業員の五六％以上が『家庭の建設』と答え、三〇％強が『レジャー』と答え、『会社の仕事』と答えたものはわずか八％前後であったという。平凡な家庭建設に大部分の人が関心を持っており、これを生活の主目標としているのであろう。職場は第三であり、娯楽とマイホームとが、いわば逃避の場であるのであろう。[4]」これが当時の現実であった。問題は仕事と家庭とをどう両立させるかということである。それは幸福や生きがいをどう考えるかということである。当時私は三二歳であり、一九六四年四月からは岡山理科大学に就任する予定であった。すでに結婚もしており、家庭の大切さは十分認識していたが、研究と家庭とが両立する給与等の条件は充分ではなかった。私立の高校では専門の学会へ出張する旅費等は認められていなかった。理想に向かって生きることは決して容易ではなかった。こうした状況においては多くの場合研究から次第に離れ、研究を放棄するのが自然の流れであった。これに逆行して運命にチャレンジし、新しい人生を開拓することは非常に難しい。これを可能にしてくれたのが、私の場合は大学院時代に英国倫理学講座の、今は亡き同期生であった。

四　河合栄治郎の「理想の自我」と「自我の成長」

河合栄治郎の理想主義において最も理解し難い問題は「理想の自我」と「現実の自我」との関係である。結論的にいえば後者が前者に向かって成長することが「自我の成長」である。私はこの問題について論文の中で次のように述べた。

「河合栄治郎は『理想の自我』とか『人格』をどのように考えているのであろうか。かれの著書を見ると、理想の自我がいかなる自我として考えられているのか、あいまいである。理想の自我は概念的にも内容的にも規定できないのであろうか。……グリーンは理想の自我を神と同一視しているが、河合はグリーンと同じように考えているようにはみえない。河合の思想には宗教的背景をうかがうことはできない。かれの自我は道徳哲学の範囲内において考えられたもののようであるが、この道徳哲学も実は学問的に確固たる基礎をもっているようにはみえない。より適切にいえば道徳的関心の強い河合にとっては、克己に支えられた自我の成長が考えられているといってよい。[5]」

河合の「理想の自我」は人格と同じ意味であり、「現実の自我」は人格の可能性として考えられている。この可能性の実現が自我の成長である。しかし、この実現は容易ではない。なぜかといえば人間の内には嫉妬、名誉欲、競争心があって他者の自我の成長と対立し、矛盾するからである。人間は理想の自我を実現する理性とこれを妨げる自然的諸衝動とから成る矛盾的存在である。この対立を克服し、現実的自我を理想の自我へと成長させる理論が自我実現である。しかし、河合はこの理論を十分理解するに至っていない。自我実現の理論は意志の衝動的要素をより高い関心の対象である社会的善の観念へ吸収し、統一することによって合理化する。これを可能にするものが理性である。このようにして理性と意志とは統一の方向に進む。これが自我の成長である。そしてこの成長の目的が人格（理想の自我）の実現である。

先の引用文の中で自我が道徳哲学の中で確固たる基礎をもっていないといったのは、かれがカントの人格主義をグリーンの自我実現の理論との関係において発展させていないからである。河合は「自我の成長」を主張することによってカントの人格主義を独自に発展させたと考えたのであろうが、それは読む人にとっては抽象論としてしか響かないのは私のみであろうか。現実の自我が人格の実現へと成長することは確かに全自我を躍動させようが、現実の自我に帰ってわれわれは何をどう考えるべきかを考えるとき、その答えは直ちに浮かんでこない。すなわち、ヒントなり、アイデアが浮かばないのが現実ではないだろうか。こうした疑問をもつとき、グリーンが指摘したように、自然的諸衝動を理性によって方向づけ、これらの衝動を正しく生かすことができる理論を再構築する必要がある。私はこの理論を「グリーンにおける自我実現の研究」（学位論文）において「欲求の合理化」とよんだ。これはグリーンのカント批判を考える過程において浮かんだアイデアである。この「合理化」の理論はグリーンの「自我実現の原理」を解釈し直したものである。この点に注目するならば、自我の成長は誰にも直ちに始まると考えられるはずである。いうまでもなく、それは思考による衝動の反省によって「全自我」の要求と一致するように衝動を再組織化することである。実は河合栄治郎が強調してやまない全自我の躍動は「欲求の合理化」によってのみ可能であろう。私は河合の「理想の自我」と「現実の自我」とのギャップを指摘し、これを克服する理論が欠落していることを述べてきたが、期せずして河合の主張する「自我の躍動」と一致する結論に至った。

五　河合栄治郎の理想主義と宗教

自我が現実の自我から理想の自我（人格）に向かって成長するためは、自我の内に克服すべき問題があると河合はいう。私は論文の中で河合がこの問題を「自負心」(self-conceit) として考えていることを以下のように紹介した。「理想主義者は現実の自我を叱咤《しった》し鞭撻《べんたつ》し、理想の自我を目指してまっしぐらに精進するが、己れを駆《か》る力を、己れ自らより出づるとし、己れ自らに帰する。彼は自分の成長を人の前に誇ったり、ひけらかすほど、馬鹿でもなければ浅はかでもない、しかし己れの内心の真奥に、功を己れに帰する自負心 (self-conceit) が抜け切れない。[6]」

この「自負心」は河合によれば、「我執」から起こる。これは煩悩《ぼんのう》であるとかれはいう。いずれにしてもこれらが自我の成長を妨げる。これらの問題の解決と宗教との関係について河合は『学生に与う』の中の「宗教」の中で論ずる。河合は宗教に対してどのようなスタンスをとっているかを確認する必要がある。かれはこのスタンスには二種類があるという。第一は「自分の無力と弱小とをしみじみ痛感して、強大な神の御力に頼って、助けを求めようとする心」である。第二は「孤独孤立の寂寞《せきばく》から己れを抱く愛の手を求めることである。(7)」河合はどちらのスタンスをとっているのであろうか。これら二つは神仏に助けを求める姿勢である。河合は神あるいは神仏といっているから、とくに神に限定して「御力」を考えているわけではない。自我の外に神仏を考えているが、神や仏の内在性には注目していない。河合にとっては神仏は「助け」や「愛」を与えるものである。しかし、かれは神仏を「終局と統一」を与えるものとしても考える。(8)いずれにしても神仏は自我の外に絶対的な力として考えられていることが注目されなければならない。

しかし、河合の宗教観には矛盾がある。かれは同じ自我の中で理想の自我（人格）と現実の自我とが共存することを承認しながらそれらが対立するときは、その統一を外（人格）に求めよと哲学は要求するという。この発想の延長線上に神が位置づけられる。そして、現実の自我は外にある神の力に跪いて礼拝し、助けを求める。これは理性を基礎とする自我によって受け入れられるであろうか。さらに自負心に強い河合にとって「神の御前に跪く」ことが矛盾なくできるであろうか。グリーンは神が人間のうちに内在し、超越的神との絶えざるコミュニケーションを通して信仰を確実にした。グリーンにとっては神は「支配者」でもなければ「恐ろしい外的力」ではなくて、理性であることを知っていたであろう河合は理性と神との交流の中に、理想の自我と現実の自我との矛盾を解決する道を発見することができたであろうと考えられる。

河合は「自負心の抜けがたき煩悩」が神への信仰を妨げるという。河合は仏教には縁はなかったというが、西田幾多郎の『善の研究』には関心をもっており、教養文献を紹介し、さらに「理想主義体系」の完成のために本書を参考にしようとしていたことから考えると、西田が白隠から影響を受け、自己の思想形成の原点であった「純一無雑の作用」や「純粋経験」を再検討することができたはずである。しかし合理主義者であった河合は西田哲学に対しては一線を画しており、一定の距離があった。

以上、河合栄治郎の宗教論はグリーンの宗教論から影響されているわけでもなく、一見して新渡戸稲造や内村鑑三のキリスト教の影響を強く受けているとも見えない。かれが目標としていた八〇歳代まで生きていたならばかれの宗教論はもっと深みのあるものに発展していたであろうと思われる。

註

(1) 行安　茂「河合栄治郎の思想体系」(『社会思想研究』16巻4号、社会思想研究会、一九六四年) 二頁。

(2) 同書　三頁。

(3) 同書　五―六頁。

(4) 同書　七頁。

(5) 同書　一〇頁。
(6) 同書　二〇〇頁。
(7) 河合栄治郎『学生に与う』一九七－一九八頁。
(8) 同書　一九八頁。

第七章　M・リヒターの社会学的方法と河合栄治郎の方法

一　M・リヒターのグリーン研究の方法と『良心の政治学』

「河合栄治郎の思想体系」を書いた一九六四年、私は偶然にM・リヒターの『良心の政治学―T・H・グリーンとその時代―』（一九六四年）を丸善書店で発見し、購入した。一読してこの本は新しい方法によってグリーン研究にアプローチしていることに気づいた私は本書の「書評」を書き、その原稿を社会思想研究会に送った。「書評」が掲載されたのは『社会思想研究』（17巻8号、一九六五）であり、そのタイトルは『良心の政治学』であった。リヒターは本書において社会学と思想史との両方法を用いることによってグリーンの思想形成の歴史的背景と環境とを研究した。それは河合栄治郎の思想史の方法とも通ずるものがあると考え、リヒターの方法と河合のそれを比較することはグリーンの研究への新しい研究に示唆する点が多いに違いないと私は考えた。分析哲学が次第に注目され、評価されている当時においてリヒターの本書が現われたことは、グリーン研究を一応完成させた私にとっては明るい希望と研究意欲とを高める刺戟となった。

リヒターは私より約一〇歳年長者であり、当時四四歳の精鋭の学者であった。所属はニューヨーク市立大学であった。私は一九七二年、オックスフォード(ベイリオル・カレッジ)に留学し、C・ヒル学寮長に会ったとき、かれは私に「今リヒター教授がナフィールド・カレッジに客員教授として来ており、あなたに会いたいといっている」と突然の情報を与えられた。同五月一六日(火)、私は同カレッジに行き、初めてリヒター教授に会った。かれはそのとき、かれがB・F・スキーナーの『自由と威厳を超えて』について書いた「書評」(*Skinner's Apolitical Utopia and Real Conflicts*)のコピーをもらった。初対面であるにもかかわらず私は昼食を共にしながらグリーン研究の文献等について話す時間をもつことができると共に、かれがスキーナーに関心をもっていることを知った。

さて、リヒターの『良心の政治学』で採用されている社会学の方法とは何であろうか。かれはその「序文」の中で以下のように述べる。「私が始めてグリーンの著作に接近したとき、私の関心を引き寄せたのはかれの政治哲学であった。しかし私はそれ以前にすでにマックス・ウェーバー、エルンスト・トレルチ、カール・マンハイムのような社会学者を研究し始めていた。これらの学者はすべて諸思想をその創造者の社会的位置によって説明しようとしていた。」という。[(1)] リヒターはこの方法を「知識の社会学」とよんでおり、この方法をグリーン研究に適用する。かれは本書の目的を以下のように述べる。それは「グリーンの哲学的名声を復活させることを意図しているのでもなければ、またかれの価値についての現在の低い評価を確かめることを意図しているのでもない。むしろそれは人間、その思想、その環境、その影響についての研究である。」(同書「序文[(2)]」) リーヒターは以上の方法論に立って本書の構成を次のように組織している。
第一章　理想主義と福音主義的良心の危機
第二章　三家族とその信仰
第三章　ベリオルとジョウエット
第四章　神学へ向かって
第五章　職業としての哲学
第六章　形而上学の基礎
第七章　倫理学
第八章　政治義務の諸原理
第九章　古い自由主義から新しい自由主義へ―私有財産、資本主義、国家干渉―
第一〇章　ヴィクトリア朝中期の政治学の型、改革者、相互援助、自発的団体
第一一章　ネットルシップの生涯

本書は豊富な資料を分析し、これを社会学的方法によって構成したものであるが、ネットルシップの『トマス・ヒル・グリーンの回想録』(一九〇六)が参考になっている。それはグリーンの時代とその社会的政治的状況に軸足を置いた、広い視野からの研究であり、哲学史的視点に立った伝統的方法に立脚していないところにその新鮮さと特色とがある。

なお、リヒターは一八八三年から一九四九年の間にグリーンの『倫理学序説』が一七、〇〇〇部売れ、毎年二、〇〇〇部印刷されたと報告している。『政治義務の諸原理』は同期間中

に一五、六〇二部売れたと報告している。

二　河合栄治郎の研究方法

私はリヒターの『良心の政治学』の「書評」を報告した後、「河合栄治郎における学問の方法」(『社会思想研究』19巻7号、一九六七年)を発表した。それは河合の方法とリヒターのそれとがどう違うかを念頭において河合の方法論を瞥見したいと考えたからであった。

河合は『トーマス・ヒル・グリーンの思想体系』第一巻の第二章および第三章においてグリーンの時代が自由主義の転換期にさしかかっていることを実証的に説明した。ついでかれは第四章において「英国理想主義運動」において理想主義の運動がオックスフォード大学(ベリオル・カレッジ)を中心として歴史的に展開したことを検討し、その独自性を明らかにした。河合はこのような考察によってグリーンの理想主義をその時代背景やかれが学んだ大学の環境との関係において再検討した。この方法はリヒターの方法に極めて類似していると見ることができる。では河合はリヒーターのいわゆる「社会学的方法」と全く同一の方法を採用していたのであろうか。河合は思想史の研究方法をとるが、これがかれの唯一の方法ではなかった。かれは他方において思想体系を構築しようとする要求をもっていた。この要求を満足させるために河合はグリーン研究に志したのであった。かれは次のように述べる。

「思想史の研究殊に経験主義と理想主義の研究は、吾々の思想の統一に役立つであろうとも、此の目的よりして思想史の研究に入りながら、徐々として思想の研究が経験科学の研究と同じ態度に推移して、やがて研究のための研究に陥りがちである。固《もと》より思想も亦《また》一つの事実である、時間と空間の中に形態を採った現象の一種である。それを物と同じく研究することは、それ自身としては価値あることは疑えない。然しそれでは思想の統一のためにする目的から離れることを知らねばならない。此の目的のためならば思想の研究は、吾々自身の思想のためなることを居常念頭に置くことが必要である。然るに、すべてのことに、ある目的のためにする手段が、目的となって当初の目的を喪失するように、思想史の研究が若《も》しそれを目的とするならば、それは当初の目的に添わない。かかる危険に陥り易き誘惑から吾々を警戒して、吾々自身への反省を不断に刺戟する方法はないか。それには一人の特定の思想家を捉えて、その人と共にその人の思想を体験するが如き過程を辿るに如《し》くはないと思う[3]。」

　河合は思想史の研究方法をとりながら、思想の統一を求める方法を採用する。それは「一人の特定の思想家」を選んで、この人と共に考える追体験の方法である。問題はいかにして特定の思想家を選ぶかということである。河合はアメリカに出張中、ジョンズ・ホプキンス大学のスロニムスキー教授に会ってグリーンの『政治義務の諸原理』を紹介され、これを読んでゆくに従ってグリーンの思想の中に哲学の体系的要求と一致するものを発見することができた。河合がグリーン研究に集中するようになったのは二つの理由によるものであった。第一の理由は一高在学中に新渡戸稲造から感銘を受けた〝to be〟の問題（人間としてのあり方）にどう答えるかということであった。私は「河合栄治郎における学問の方法」の中でかれの問題を次のように述べた。「さて河合栄治郎はどのような問題を抱いていたのであろうか。周知のように、かれは哲学、倫理学、社会哲学、社会思想、経済学等の各分野に関心を寄せていた。この関心はつぎのような問題意識から起こっている。『私は何をなすべきか』(What should I do)、『私は何であるべきか』(What should I be)。これらの問いは倫理学の根本問題である。この問いの裏面には現実の『私』を肯定することができず、またそれに満足することもできない自己否定の傾向がある。河合栄治郎は現実の自己をいかにして満足させるかを問題とし、満足可能の方向を理想の自我に求めようとした。かれにおいては現実の自己と理想の自己とが鋭く対立した。この対立はto doとto beとの選択問題に発展し、seinとsollenとの対立問題に発展する。[4]」

第二の理由は明治以降における西洋思想の受容に三つの欠陥があったことである。第一の欠陥は西洋思想が単に「恣意的に偶然的に輸入されて、思想の歴史的地位が少しも理解されてゐなかったことである。[5]」第二は「西洋思想を輸入する際に、或る思想家の著作を差し当りの必要に応じて、個々的に輸入したので、其の人の思想を體系的に把握しようとしなかった[6]」ことである。ベンサム、J・S・ミル、スペンサーの思想が断片的に輸入され、思想の全体が体系的に理解されていなかったことである。ミルの『代議政体論』や『自由論』は熱心に紹介されたが、かれの他の著作はほとんど無視されたと河合はいう。第三は「当時輸入者は西洋思想を移植するに就て、思想の根柢に遡って、西洋生活の底流の深みに徹しようとしなかった。例へば政治思想を理解すれば、更に其の根柢に在る哲學へと進み、哲學を捉へたならば、其の哲學の更に底に在るものをと、淺きに満足することなく、深さへと探らうとしなかった。[7]」

河合は以上の反省に立って大正末期から昭和の初期の思想研究は特定の思想家をとりあげ、これを集中的にかつ体系的に研究することの大切さを認識するに至った。これと似たことは高坂正顕が西田幾多郎に「哲学はどう学ぶべきか」と尋ねたとき、西田は「とにかく卓れた哲学者の思想を本当に一度は自分のものにしてみたらよいであろう、すれば自分の枠を超えた広い視野が開かれるだろうから、新らしい目が開かれるだろうから。」「つまらない書物を色色漁って読むよりはしっかりした古典を読むように。」といったという。[8] 河合栄治郎がグリーンの『倫理学序説』や『政治義務の諸原理』の研究に没頭したのも同じ方法であった。

三　リヒターの社会学的方法とデューイのプラグマティズム

リヒターの『良心の政治学』はいくつかの点において画期的研究である。第一はその第二章の「三家族とその信仰」の内容である。グリーンの家系が間接的にクロムウェルとつながっていたことを明確にしたことが第一にあげられる。グリーンの父方の祖母がクロムウェルの下士官の孫娘であった。この点についてはネットルシップがすでに『T・H・グリーンの回想録』で明らかにしたが、リヒターはグリーンの家系をさらに明らかにしたといえる。グリーンがピューリタニズムの信仰の幾分かを受けついでいるといわれるのはこの血統による。リヒターはグリーンが「もの静かで目立たない性質」をもっていたのはこの血統を受けついだものであると指摘する。グリーンの父はヨークシャー州のバーキン教会の牧師であり、グリーンが一歳のとき母は亡くなった。父親は四人の子どもを養育した。リヒターはグリーン一家の親族関係を詳細に調査し、記述している点は今まで明らかにされなかった。河合栄治郎もグリーンの幼年時代について述べているが、グリーンの家系や親族関係について詳しく説明はしていない。

第二に注目される点はリヒターが第六章の「形而上学的基礎」の中で永遠意識と宗教（神学）との関係について考察していることである。河合栄治郎も「本体論」においてこれらの関係を検討しようとしているが、形而上学と神学、永遠意識と自我との関係について明確には論じていない。リヒターはグリーンの永遠意識が自我意識によってわれわれ自身と同化されるというが、これは永遠意識に反する行動の自由を無視することにならないかと疑問を示している。要するに、形而上学における神と人間との同一性の仮定は矛盾を含んではいないかとリヒターは指摘する。この疑問は同じ理想主義を主張するボサンケやF・H・ブラッドリによっても提起されているとリヒターはいう。河合栄治郎はこの点には注目することなく、ボサンケやブラッドリをグリーンの継承者として見る。河合はグリーンやボサンケやブラッドリの理想主義がムアやラッセルによって批判され、それが実在論によってとって代わる時代が二〇世紀の開幕であるというが、グリーンの理想主義とボサンケやブラッドリのそれとの間にすでに論争が始まっていたことにリヒーターは注目する。次に、リヒターはグリーンがその没後後世にどのような影響を与えたかについてどう見たかについて考えてみたい。リヒターは第一章の冒頭において「一八八〇年と一九一四年との間に、T・H・グリーンが尽力したほど大きな影響を英国の思想および公共政策に与えた哲学者は、他にあるとしてもほとんどいなかった。[9]」という。確かにそういわれているが、ここに見逃された点が一つある。それはグリーンがデューイのプラグマティズムの発展に与えた、大きな影響力である。河合栄治郎もリヒターもこの点には無関心であったか、無知であったのか全く注目していない。リヒターはアメリカ人であるから自国のプラグマティズムには関心があったはずである。グリーン以後、リヒターや河合はホッブハウスには注目している。かれらの視野はイギリス国内にのみ限定されていたように見える。

デューイは一九一九年来日し、二月九日から四月二八日まで滞在し、その間東京帝国大学において講義した。その成果は『哲学の改造』（一九二〇）として刊行された。デューイはすでに「トマス・ヒル・グリーンの哲学」（*Andover Review*, XI,1889)、「グリーンの道徳的動機論」(*Philosophical Review*,I,1892)、「道徳的理想としての自我実現」(*Philosophical Review*, II,1893）を発表していたが、リヒターも河合もこの雑誌を見る知識を持っていなかった。デューイは *Outlines of a Critical Theory of Ethics*（1891）の著書を刊行し、グリーンの倫理学を批判的に解説していた。デューイがグリーンの理想主義の自我実現から心理学的倫理学へ転換し始めたのは、*The Study of Ethics*（1894）においてであった。デューイはこの中で「実験主義的理想主義の理論」を提案する。(10) デューイはこの時期からグリーンの理想主義から実験主義による行為の成長へと大きく転換してゆく。プラグマティズムは実験主義による試行錯誤のプロセスを進む。ここで疑問となることはグリーンにおいて主張された道徳的理想はデューイのプラグマティズムにおいてはどう位置づけられたかということである。それはどのように再評価されたのであろうか。デューイはこうした疑問に答えるために東京帝国大学において講演し、その成果を『哲学の改造』として一九二〇年発表したのであった。河合栄治郎はこれに関心を全くもっていなかったと見えた。リヒターは一九二一年に生まれており、デューイの『民主主義と教育』（一九一六）もすで刊行されていたからやがてリヒターにとっても知られていたはずであろうが、政治学に関心をもっていたかれにとってはデューイの哲学は関心外のことであったのかもしれない。

私は一九七二年五月から一九七三年四月までオックスフォード大学に私学研修福祉会の在外研修員として留学した。一九七三年四月二三日、南イリノイ大学において「グリーンとデューイ」と題した講義をしたのは、その頃から私はデューイの初期の論文や著作を研究し、デューイがグリーンの理想主義からプラグマティズムへとどのように転換して行ったかを考えていたからであった。私は日本を出発する以前に、すでに「グリーンとデューイ」（日本倫理学会『倫理学年報』第21集、理想社、昭和四七年三月）を発表していたが、デューイの「道徳的理想としての自我実現」を読んでいなかったので、オックスフォードのボードリ図書館において一九七二年一二月から一九七三年三月にかけて同論文と『哲学の改造』とを集中的に読み、南イリノイ大学での講義案を作成した。実は同大学において講義する機会が与えられたのは、同大学の哲学科のエイムズ教授の招聘によるものであった。私が「グリーンとデューイ」と題した講義をしたのは一九七三年四月二三日（月）であった。聴講者は主として大学院生であり、その外教授等が数名であった。私は約一二、〇〇〇字の原稿のコピーをエイムズ教授に渡していたので、すでにこれらが配布されており、夜七時から九時まで質疑応答を含めての講義であった。その内容は『岡山理科大学紀要』第九号（一九七三）および行安　茂『近代日本の思想家とイギリス理想主義』（北樹出版、二〇〇七年）に掲載されている。

註

(1) Melvin Richter, *The Politics of Conscience,* : *T.H.Green and His Age,* Weidenfeld and Nicolson, 1964, PP. 9-10.
(2) *Ibid.,* P.9.
(3) 『河合栄治郎全集』第一巻、社会思想社、昭和四三年　三九頁。
(4) 行安　茂「河合栄治郎における学問の方法」『社会思想研究』19巻7号、社会思想研究会、一九六七年、一五頁。
(5) 河合榮治郎『明治思想史の一斷面―金井延を中心として―』、日本評論社、昭和一六年、三五九頁。
(6) 　同書　三六一頁。
(7) 　同書　三六一－三六二頁。
(8) 「哲学の立場」『哲学講座』Ⅰ　筑摩書房、昭和二四年、一九一頁。
(9) Melvin Richter, *The Politics of Conscience* : *T.H.Green and His Age,* P.13.
(10) John Dewey, *The Early Works of John Dewey* 1882-1898, 4, Southern Illinois University Press, 1971, P.264.

なお、私のグリーン研究の方法については行安　茂『グリーンの倫理学』（明玄書房、昭和四三年）の「序論」の中でリヒターの方法を批判しつつ述べられているので参照されたい。

第八章　河合栄治郎の影響と私のオックスフォード大学への留学

一　河合栄治郎の『在歐通信』から学んだもの

私はドクター論文「グリーンにおける自我実現の研究」を広島大学に提出し、学位を受領した後、常に頭の中から離れなかった問題は、この論文の補足と充実とであった。その論文は大学院在学中から約一〇年近くにわたって研究した成果であり、グリーンの基礎的研究として一応満足したが、それは決して完全はものではなかった。それは今後さらに再検討をし、補足したり修正したりする部分があることは本人が最もよく知っていた。こうした研究は当時（一九六四－一九七二）岡山理科大学の学生課長兼厚生課長という中間管理職の仕事を担当していたので進展しなかった。学生運動が次第に全国的に過激となり、小規模の地方大学であっても、導入したばかりのコンピューターの機械を破壊されては一大事であるという理事長の胸中を察するとき、大学を守ることは至上命令であった。その最前線に立っていたのが私であった。この状況の中で個人的研究のため海外研究の旅に出かけることは到底許されることではなかった。一九七二年一月以降、学生運動が全国的に下火になりつつあり、岡山理科大学においても沈静化してきた。そこで、この趨勢を察した私は私学研修福祉会（日本私立学校振興・共済事業団）に在外研修員の応募の申請をした。勿論、学長の承認を得た後のことである。幸い、研修員として一年間の在外研修が認められ、一九七二年五月一日‐一九七三年四月三〇日までの一年間オックスフォード大学で研究することになった。出発日が五月一日となったのは「学長から新入生のオリエンテーションの実施が岡山県真庭郡蒜山学舎（岡山理科大学の学外研修施設）で完了した後に渡英してほしい」との要望があったからである。こうして初めて私は渡英することになった。その際、ガイドブックとして大変参考になったのが河合栄治郎の『在歐通信』（日本評論社・昭和一三年）である。

本書は二つの編から構成されている。第一編は「最初の渡歐」であり、第二編は「再度の渡歐」である。日本評論社の編集部の説明によれば、第一編は『在歐通信』（初版）が大正一五年五月、日本評論社から発行されていたが、第二編は河合の生前中には発行されなかった。ただ、この中の三論文等は別々に『帝國大学新聞』（昭和八年）、『経済往來』（昭和八年）等に発表されていたものである。これをまとめて今回（昭和一三年に一冊の『在歐通信』に入れたものである。私は本書を昭和一三年（旧制中学校四年生から五年生にかけて）読んだ記憶がある。大変興味をもったが、内容についての知識がなかったので印象として残っているにすぎなかった。一九七二年一月以降、本書の第一編「第五・オックスフォードの学風」および第二編の「第三　八年ぶりの英國」はともにオックスフォード大学についての知識を得る上で参考になった。私はすでに本書の第一部第七章において河合栄治郎がミュアヘッドとグリーン夫人に会ったときの内容を紹介した。このとき私が参考にしたのが『在歐通信』の第二編の中の「八年振りの英國」であった。とくに、私が新しく知ったことはグリーンの墓地の所在地についてであった。私が『在歐通信』から学んだことは何であったか。それは次の六点であった。
① 多くの教授や知識人に会うこと。
② 事前に予め手紙を出し、訪問日程を確認し、約束をきちんと守ること。
③ 質問事項を予め紙に書いておくこと。
④ イギリス以外をも研究すること。
⑤ 市民の各種の研修会に参加すること。
⑥ 滞在計画を立てること。
私は以上の点を『在歐通信』から学んだが、昭和八年（一九三三）年当時と昭和四七（一九七二）当時とは時代は大きく変化し、一九七〇年代は分析哲学やメタ倫理学が支配的であり、グリーンの哲学や倫理学は時代遅れであり、注目する研究者はいないという印象を出発前に予感していた。この逆風の中で何を研究目的にするか。私は次の目的を設定した。
① グリーンの遺稿を調査し、記録すること。
② 現代の教授の中でグリーンに関心をもっている教授に会うこと。
③ グリーンの宗教思想と教会との関係を調べること。
④ オックスフォード男子高等学校とサマー・ヴィル・カレッジを調査すること。
⑤ グリーンの墓地および生誕地を訪問すること。
⑥ スコットランド地方への研究旅行

以上を計画したが、これらを実行する手掛かりをつかむことは出発前にはできていなかった。

二 河合栄治郎が調査研究していなかった部分は何か

私は『在欧通信』等から考えて河合が調査研究していない点として次の五点に気づくことができた。それは次の点である。

第一はグリーンの遺稿を調査していないことである。ベリオル・カレッジには「グリーン・ペイパー」とよばれる遺稿の入った箱がある。その中にはグリーンの未発表の原稿が数多く入っており、グリーン夫人の依頼によって送られていたグリーン回想記の原稿（夫人によってすべて書き直された回想録）も入っている。河合栄治郎はこれを見ていない。第二は河合栄治郎はグリーンの生誕地を訪問していないことである。河合はグリーンの墓碑には参拝しているが、ヨークシャーのバーキン教会（St. Mary the Virgin）およびグリーンの生家（〝The Grange〟）を訪問していない。河合にとっては生誕地の訪問は無意味であると考えられたのではないかと推察された。しかし、私はそうは考えなかった。すでに紹介したリヒターはその社会学的方法によってグリーンの家系と家族、恩師、友人等の写真や生家の写真を『良心の政治学』の中に入れ、家庭環境とグリーンの生い立ちについて説明しているが、その自然環境についてはあまり説明していない。しかし、バーキンという地方は広々とした畑と小さな森とから成る農村の中の寒村という地域であり、グリーンの先祖も農民であり、後に郷土（地主）になったと伝えられている。グリーンの父親はバーキン教会の牧師であったが、グリーンが一歳のとき母が死亡したから子どもの養育に伴う苦労が大きかったことが想像される。私はバーキンを訪問し、グリーンが育った家（The Grange）の管理人（スワロー夫人、現在は同教会のWarden である）に会い、St. Mary the Virgin の歴史の小冊子をもらった。今もこの夫人とはクリスマスカードの交流を私はつづけている。

河合はグリーンが心血を注いでその創設に尽力した「オックスフォード男子高等学校」については注目していない。グリーンはこの学校を設立するために「新しいオックスフォード男子高等学校によってなされるべき仕事についての講演」（一八八二）をした。[1] これはグリーンがいかにオックスフォード市の中産階級の子弟の教育に関心をもっていたかを示すものとして注目される。講演の場所はオックスフォードでなされ、ウェスレー学校長・ジョセフ・リチャードソン氏に捧げられたものとされている。この講演と「自由主義立法と契約の自由」（一八八一）とは共に新しい自由主義の方向を述べたものである。河合は後者については注目し、コメントしているが、前者には注目していない。「オックスフォード男子高等学校」の計画が一八七七年末に実際の輪郭ができ上がったとき、グリーンはその建設費・二〇〇ポンドを寄附し、さらにオックスフォードの初等学校から来る生徒には年額一二ポンドの奨学金を支給できる制度をつくったという。[2] グリーンが社会改革者として心血を注いだといわれるのは、このような経済的支援をしたからであるが、河合はこの事実に注目していない。

次に、グリーンは夫人と共に女性の高等教育運動に参加し、オックスフォード市に女性のみが入学することのできる大学の設立に尽力したが、河合はこれにも注目していない。グリーン夫人は一八七九年以来A・E・W（婦人教育協会）の書記として活躍した。同時に彼女はサマーヴィル・カレッジの委員でもあった。これらの委員は十数人であり、その中にはT・H・グリーン、H・ネットルシップ夫人（その夫はグリーンの回顧録を書いたネットルシップの兄）、ハンフリ・ウォード夫人（グリーンをモデルにした小説『ロバート・エルスマー』の著者）が含まれていた。なおE・ケアドはマサーウィル・カレッジの評議会の副会長（一八九四－一九〇八）として活躍した。グリーン夫人も同評議会の副会長（一九〇八年以降）として活躍した。サマーヴィル・カレッジが開学したのは一八七九年一〇月であった。この年月にはオックスフォード市のレディ・マーガレットホールも同時に開学した。このカレッジの創設に当たってもグリーン夫妻はかかわっていた。サマーウィル・カレッジの廊下の壁にはグリーン夫人の肖像がかけられている。河合栄治郎はグリーン夫妻が当時オックスフォード市において女性の教育活動によって二つの女子大学が創立されるに至った経緯についてはほとんどふれていない。私はオックスフォード大学でグリーン夫人が依頼した夫の回想録を彼女が書き直したノート類等を転記する作業をしながら夫人らの以上の活動を知り、改めてその資料調査のためにオックスフォード市立図書館やサマーヴィル・カレッジの図書館を訪問したのであった。

河合がもう一つ注目しなかった資料はベリオル・カレッジの図書館の中の「グリーンペーパー」の箱に入れられている二つの神学論文である。その一つは「エラートン賞のための英語論文」（English Essay for the Ellerton Prize, 1860）である。もう一つは「エラートン賞のための英語論文」（English Essay for the Ellerton Prize, 1861）である。第一の論文の副題は「福音書によってもたらされた生命と不死」である。第二の論文の副題は「キリストがやってくるときのユダヤ教徒の宗教的信念の状態」である。これらの論文はグリーンが二四歳から二五歳にかけて書いたものであり、かれの宗教思想の形成を知る上において注目される。これら二つの論文はグリーン夫人によってそのオリジナルが書き改められた。河合はこれらを見たことには言及していない。かれは、「グリーン・ペーパー」の資料の存在を知らなかったのかもしれない。この箱の中にグリーンの遺稿が以上紹介したものの外に次のオリジナルも入っている。

① 「ガラテヤ人への手紙」（『新約聖書』についての「ノート二冊」）
② 「ローマ人への手紙」（同）の「講義の抜粋」
③ 「第四福音書についての講義」（一八七七）
④ グリーンの死を報じた各種の新聞

The Times, Monday, March 27, 1882.
The Liverpool Daily Post, Tuesday, March 28, 1882.
Oxford Times, April 1, 1882.
Church of England Temperance Chronicle 213, April 1,1882.
The Daily News, Tuesday, March 28, 1882.
個人追悼文の記事が以上の新聞以外の一〇社の新聞に掲載。

河合は以上のオリジナルには注目していない。

三　私が訪問したイギリスの教授等

『在歐通信』によれば河合は「最初の渡歐」においても「再度の渡歐」においても多くのイギリスの教授を訪問している。ドイツ滞在（主として「再度の渡歐」）においてもドイツの諸教授を訪問している。日本では得られないこうした歴訪の経験は研究者にとっては極めて大切である。河合の「再度の渡歐」は昭和七（一九三二）年から同八（一九三三）年にかけてであった。当時イギリス理想主義者の最長老はミュアヘッドであり、河合はこの老教授を訪問し、『トーマス・ヒル・グリーンの思想体系』を献本したことは本書の第一部第七章で述べた。河合栄治郎の在英経験を参考にして私は次の研究資料をもって渡英し、訪問した主な教授にこれらを自己紹介として献本した。

① 行安　茂『グリーンの倫理学』（一九六八）

② 英語によるグリーン研究の論文のリスト

私が最も心配したのは当時（一九七二－一九七三）のイギリスにおいてグリーンについて理解と関心とをもっている教授が存在しているかどうかということであった。出発前にベリオル・カレッジのC・ヒル学寮長から図書館等の諸施設の利用については「可」の返信をもらっていた。その中に「M・リヒター教授がオックスフォード（ナフィールド・カレッジ）に客員教授として来ているので会ったらよいでしょう、という助言の言葉」があった。それ以外に私は情報をもっていなかった。時代は分析哲学が学界の主流を占めており、グリーンの理想主義は無視されているに違いないと私は予想していた。出発前からこう予想していた私は研究の焦点を「ベリオル・カレッジ」の図書館でグリーンの遺稿を調査研究することに置いた。

私がオックスフォードの宿舎についたのは一九七二年五月八日（月）であった。翌日、グリーンの墓碑を訪れた。『日記』には以下のように書いている。場所は「八〇番地、ウォルトン街」である。その日は「小雨が降ったり、天気になったりする中を一人静かに歩いた。そうしているうちにやっとグリーンの墓を見つけた。河合栄治郎の本に出ている墓と同じものであった。ケアドの墓が後方に高く並んでいる。私は合掌し、静かに黙祷する。暫くうずくまったままである。誰もいない。私は二―三年前から一度は必ずグリーンの墓に参拝したいと思っていたからであった。それが今やっと実現した。これを求めて今度私は渡英したようなものであった。早速と墓を写真に三―四枚とった。」五月一〇日（水）、ブラッウェル書店に入って本を調べていたとき、A. M. Quinton, *Absolute Idealism* を見つけた。本書は著者が一九七一年一〇月、British Academy で講演したものである。早速、クウィントン教授に手紙を出した。本書は哲学史から見たグリーンの功績をそのヒューム批判との関係で述べたものであった。クウィントン教授に会ったのは一九七二年六月一九日（月）、ニーカレッジにおいてであった。『日記』には以下のように書いている。「ニューカレッジへ行ったところ、クウィントンらしい人が玄関に立って私の近づくのを待っていた。私がこちらから手をあげて合図をしながら接近すると、彼も近づいてきた。握手をして歩きながら、応接間のようなところへ案内された。体格のどっしりした人で、ユーモラスな人であった。ここで約三〇分（午後一時まで）グリーンを中心とした話をいろいろとした。私が持って行った論文リスト（英文）と本『グリーンの倫理学』の目次（英文）とをプレゼントした。かれは論文リストに興味をもって読みながら話し合ってくれた。主としてグリーン研究の文献についての話であって、会話はよく理解できた。ほとんど私の知っている文献であり、『著書と著者とを知っていますか』といった質問であった。」帰るとき、かれは次の二つの論文を紹介した。W. H. Walsh（Prof. of Logic and Metaphysics, Edinburgh）の articles on T.H. Green in Encyclopedia of Philosophy と Prof. Quinton の article in the Encyclopedia of Philosophy on British Philosophy（Vol. I）である。かれとの会話は非常に有益であった。

リヒター教授との会見についてはすでに本書の第二部第七章において述べたが、改めて『日記』によりその一端を紹介しておきたい。一九七二年五月一六日（火）、「私とリヒター教授とはテーブルをはさんで互いに向かい会って、いろいろ話し合いながら食べた。多くの大学院生やフェローも同じように会食している。かれに『ここにいるのは学生か』と尋ねたところ、多くは post-graduate であるといった。しかし、リヒター教授のようなメンバーもいるようだ。この会食が日本人には不向きであると聞いていた（食べる方に気をとられると話ができず、話に夢中になれば食べることができない）が、リヒター教授のように親しい人と一緒なら何のことはない。楽しいものである。食後次の部屋にコーヒーをもって案内された。……暫く休んでから図書館（ナフィールド・カレッジのライブラリ）に私を案内し、三冊の Encyclopedia をとり出して、グリーンの項を示し、書きとってベリオル・カレッジ・ライブラリで調べてみたらといって紙切れを三枚くれた。」同日午後、ベリオルの図書館に行き、クィン氏（ラブラリアン）に頼んでグリーンの遺稿を地下室からとり出してもらい、以後ほとんど毎日私はこの遺稿（大部分はグリーン夫人によって書き直されたもの）を調べ、書き写した。夫人の書いた文字がときどき読みにくいので私は女性司書に質問することもあった。

イギリスには当時さらに二人のグリーンに関心をもつ教授がいることをクィントン教授やリヒター教授から聞いた。その一人はW・H・ウォルシ教授（エジンバラ大学）であり、もう一人はA・J・ミルン教授（クィンズ大学、ベルファスト）である。私がウォルシュ教授に会ったのは一九七二年九月二六日（火）であった。場所はエジンバラ大学の研究室であった。かれとの対談によってグリーンが現在無視されている理由を知ることができた。第一の理由はグリーンの文体や関心が幅広く、実際的方面にあったので、これが現代哲学者のアカデミックな空気に合わないのだということであった。F・H・ブラッドリはアカデミックであったので現代の哲学者を満足させているという。第二はヒュームやリードへの関心が高まっていることである。私はウォルシュ教授に対して「あなたは現代の分析哲学についてどういう意見をもっていますか。R・M・ヘアの方法をどう考えられますか」と質問したところ、ウォルシュ教授は〝I do not Like R. M. Hare〟と答えた。「約一時間半食堂で食事やコーヒーをいただきながら話した。……ウォルシュ教授はアメリカの *Idealistic Studies* という雑誌の編集委員であり、英米では珍しく理想主義の人である。」（『日記』）ミルン教授に会ったのは一九七三年一月三日（水）－四日（木）に政治思想学会がオックスフォードのエグゼター・カレッジにおいて開催されたときであった。リヒター教授から聞いていたとおり盲目の人であったが、女性の秘書が同伴していた。ミルン教授はすでに『イギリス理想主義の社会哲学』（一九六二）を刊行しており、日本を出発する以前に購入していたので、かれがグリーンのよき理解者であることは知っていた。かれは目が不自由なので「どうされましたか」と尋ねたところ、かれは「第二次大戦中、ドイツ軍にやられた」と答えた。一人でタバコに火をつけながら吸っていた。かれと秘書と私の三人でカレッジの階下のバーでビールを飲みながらグリーンの自由主義、共通善、権利等について意見を交換した。

オックスフォードに滞在中、グリーン研究の資料となる雑誌と著書を二人からいただいたことは幸運であった。一人はグリーンが創立に大きな貢献をした「オックスフォード男子高等学校」（一九七二年に「オックスフォード学校」と改称され、場所もオックスフォードの中心部から郊外に移った）の元校長のF・C・レイ氏である。新しく改称された「オックスフォード学校」を訪問したとき、校長からF・C・レイ氏を紹介された。レイ氏は一九四四年から一九六二年まで本校の校長であった。レイ氏は化学が専門であったが、T・H・グリーンを非常に尊敬していた。氏は私が会ったときは娘さんと二人暮しであり、七六歳であった。私が帰るとき、氏はかれの論文が掲載されている二冊の雑誌を私に献本された。The City of Oxford High School Magazine, Vol. LiVii, April 1962 and Vol. LVIII, iii, July 1966. の二冊である。もう一人私が会った人はロンドンのA・ソーパー牧師（St. Benedict's Ealing Abbey, London, W5）である。ソーパー氏は『神学者としてのT・H・グリーン』（氏の博士論文）の著者である。私は一九七三年二月二二日（木）ベリオル・カレッジの図書館のクィン氏から本書の刊行を知った。早速と本書を購入した。私はオックスフォードを離れ、アメリカへ行く二日前にソーパー氏を訪問し、グリーンの神学について約二時間話し合ったことは私にとっては貴重な経験であった。

註

(1) *Collected Works of T・H・Green*, Vol.3, Edited and Introduced by Peter Nicholson, Thoemmes. Press, 1997, pp. 456-476.

(2) R. L. Nettleship, *Thomas Hill Green : A Memoir*, Longmans, Green, And Co., 1906, p.182.

第九章　日本イギリス理想主義学会の設立と河合栄治郎の再評価

一　英米の在外研究から得た課題と日本思想への関心

私は一九七二年五月からオックスフォード大学に留学した経験から多くの知識人と交流し、グリーン研究を進める課題は何であろうかを考えずにはおれなかった。帰途南イリノイ大学で「グリーンとデューイ」と題した講義とその質疑応答からも今後の課題を考えながら帰国した。こうした反省と展望を通して発見した課題は日本においてグリーンの自我実現の倫理学はどのようにして受容されたかということであった。グリーンの思想と理論とは明治二〇年代から断片的には紹介されていたが、これを歴史的に研究した成果はまだ現われていないように見えた。私はイギリスへ出発する以前に「西田幾多郎とグリーン」(『岡山理科大学紀要』第八号、一九七二年)の原稿を完成し、岡山理科大学紀要編集委員会に提出した。この論文が同大学紀要に掲載され、発表されたのは一九七二年一二月二五日であった。このとき、私はオックスフォードに滞在中であった。帰国後、グリーンの倫理学の受容についてはすでに私は予備的知識をもっていたので、これを手がかりとしてさらに系統的に考えるべく文献調査をしていた。

昭和五〇年(一九七五)四月、岡山大学教育学部へ移ってから少し身辺が自由になったので、同年三月に岡山大学を停年退官された虫明　竌先生と相談し、綱島梁川（一八七三－一九〇七）の生涯と思想についての共同研究を進めることで意見が一致した。先生の教え子一〇名と梁川の出身地の郷土史家三人と私とが参加し、岡山県上房郡有漢町（現高梁市）へ行き、生家、梁川が学んだ小学校、墓地等を見学し、元教育長・葛野定一氏（『郷土に生きている綱島梁川』の著者）の説明を聞くなどの現地研究を重ねてきた。虫明先生は岡山大学に在職中、学生六人の卒業論文の研究（安倍能成編『綱島梁川集』の分担研究）の指導をしていた。その発表会（昭和三三年）に私は先生の依頼により出席し、質問をした。こうした関係から私は『梁川全集』全一〇巻を読み、梁川の思想形成過程を理解した。梁川は一七歳のとき高梁教会でキリスト教の洗礼を受けたが、その後キリスト教の信仰に疑問をもつようになる。明治二五年一月に上京し、東京専門学校（現早稲田大学の前身）に入学する。在学中、かれは大西祝や坪内逍遙らの指導を受ける。かれは卒業論文「道徳的理想論」（明治二八年六月）を提出し、東京専門学校文科を卒業する。その後喀血し、療養所で治療を受けながらもL・スチーブンの倫理学を翻訳する。その成果は「スチーブン氏倫理学」（『倫理学書解説』上、東京育成會、明治三三年）の中の「第二」（一頁－一四一頁）として発表された。これより先の「道徳的理想論」はグリーン・マッケンジー、デューイの倫理学説を自我実現の理論によってまとめられたものである。梁川はその後進化論と功利主義とから影響を受けたスチーブンの倫理学研究に着手する。梁川は英米倫理学の研究の先駆者の一人であった。

梁川が天下の注目を受けたのは、病床の中の独坐修養によって体験した「予が見神の実験」

の発表（明治三八年五月）によってである。梁川は明治二九年以後、白隠の本を熱心に読み、病気から回復するための道を禅に求めていた。病床に臥す生活になってからも心を究め、静かに坐って心の修練を怠らなかった。こうして得たものが「予が見神の実験」であった。若き日に洗礼を受けた梁川は上京後は、信仰と理性との関係を考え、この関係を理想主義の自我実現の理論によって明らかにしてゆく。他方、かれは身体を健康にするためもあって坐禅に打ち込みながら、法然や親鸞が説く他力信仰（念仏）に心を引かれてゆくのであった。梁川が西田天香と親交があったのはそのためでもあった。私は虫明先生との共編によって『綱島梁川の生涯と思想』（早稲田大学出版部、昭和五六年）を刊行した。これが私の帰国後の最初の課題研究の成果であった。本書は峰島旭雄（早稲田教授）、磯野友彦（早稲田大学教授）の両先生からの寄稿によって梁川の知られざる側面が明らかにされた。今では梁川の存在とその思想とを知る人はほとんどいないが、その独創的思想（自力と他力との自然的融合）は、現在においても注目されるべき、重要なテーマである。

二　中島力造・西田幾多郎・西晋一郎におけるグリーンの受容

私は『綱島梁川の生涯と思想』によって日本においてグリーンがどのように受容されてきたかを理解する足掛かりをつかむことができた。西田幾多郎が「グリーン氏倫理哲学大意」を『教育評論』に発表したのは、明治二八年五月であった。綱島梁川が「道徳的理想論」を卒業論文として東京専門学校文科に提出したのは、明治二八年六月であった。二人ともほぼ同じ時期にグリーンの『倫理学序説』を読んでいたことを知ることができた。二人とも若いときに白隠禅から大きな影響を受けており、この体験をベースにしてそれぞれ独自の思想を形成したことが注目されるべき第二の点である。二人とも晩年には浄土真宗の信仰に理解を示していたことも注目される。西田は明治三九年三月二一日広島市在住の堀維孝宛の手紙の中で「梁川氏の病間録は小生等には其境涯を伺ふことはてきぬか思想に於て小生其一字一句を讃成致し全く余の言はんと欲する所を云ひたる如き心地致し候[1]」とその心境を吐露している。梁川の『病間録』が発表されたのは明治三八年九月である。梁川の「予が見神の実験」等を西田は読んだものと思われる。梁川は西田へ手紙を送っていない。二人の間には交流はなかったと考えられるが、宗教思想においては両者は相通ずるものがあったと見える。

私はこうした予備知識もって改めて「日本におけるT・H・グリーンの受容」と題した論文を書き、行安茂・藤原保信責任編集『T・H・グリーン研究』(御茶の水書房、一九八二)の中に入れた。それは次のような柱から構成された。

一　グリーン研究の先駆者—中島力造
二　西田幾多郎と『善の研究』
三　西晋一郎と『グリーン氏倫理学』
四　グリーン学派の研究者—綱島梁川
五　河合栄治郎のグリーン研究
六　グリーン受容の日本的土壌

中島力造（一八五八－一九一八）は福知山に生まれ、同志社で英語を学んだ後、明治一三（一八八〇）年アメリカに渡り、エール大学で学んだ。明治二一（一八八八）年、「物自体についてのカントの学説」という論文により、同大学から「哲学博士」の学位を受領した。明治二三（一八九〇）年五月に帰国し、帝国大学文科大学（現東京大学の前身）で倫理学の講義を嘱託され、同二五（一八九二）年、同大学教授。同年一〇月一九日、同大学の哲学会で「英国新カント学派について」講演をする。かれの教え子の中には西晋一郎等がいた。西田幾多郎は明治二四年から同二七年まで選科生として中島力造からグリーン倫理学を聴講した。中島は以下の三著書を刊行した。中島力造『シヂュウキック氏倫理学説』（同文館、明治四一年）、中島力造『グリーン氏倫理学説』（同文館、明治四二年）、中島力造『スペンサー氏倫理学説』（同文館、明治四二年）。

西田幾多郎の「グリーン氏倫理哲学の大意」は『倫理学序説』の概要である。西田はこれをベースにして『善の研究』（明治四四年）を刊行する。とくに本書の第三編「善」はグリーンの「自我実現」を基礎として発展させた独創的思想の表現である。西田は次のようにいう。「意志は意識の最深なる統一作用であつて即ち自己其者の活動であるから、意志の原因となる本來の要求或は理想は要するに自己其者の性質より定るのである、即ち自己の力であるといつてよいのである。我々の意識は思惟、想像に於ても意志に於ても又所謂知覺、感情、衝動に於ても皆其根柢には内面的統一なる者が働いて居るので、意識現象は凡て此一なる者の發展完成である。而してこの全體を統一する最深なる統一力が我々の所謂自己であつて、意志は最も能く此力を發表したものである。かく考へて見れば意志の發展完成は直に自己の發展完成となるので、善とは自己の發展完成 self-realization であるといふことができる。[2]」

西晋一郎訳『グリーン氏倫理学』（金港堂、明治三五年）は日本における最初の訳書である。その「書評」には「術語の訳し方からも語句の顕し方に至るまで充分信を置くべき程の苦心を首肯し得る点に於て、進んで全編を正確な翻訳書として認めることが出来やうと思はれる。兎にかく吾人この近代の傑作として倫理学を学ばんとするものの必読すべきオーソリチーの有る大著述が、邦語に移された功績は、これを西氏の苦心に謝せなければならぬ。[3]」とコメントされている。西はグリーンの立場をカントの「純粋意志」又はフィヒテの「自我」に立つものと批評している。[4]又、西はグリーンの道徳論を批判し、これからの研究方向として「歴史的心理学的の研究を心要なる補充となすべし[5]」と指摘し、ジェイムズまたはデューイの方向を示唆している点は注目される。

グリーンの「自我実現」の思想が明治以降において歓迎されたのは日本の伝統的思想がその学説と一致したからであろうと考えられる。その伝統的思想とは儒教の「天」がグリーンの「永久の心」と結びつきやすいと考えられたからである。「永久の心」は「致良知」とも通ずるものがあると考えられた。自我実現説と陽明学とが結びつきやすい「日本的土壌」があったと見ることができる。グリーンの自我実現と知行合一とが結合する文化的土壌があったと見ることができよう。グリーンの思想が日本に受容された背景に中江藤樹の思想とどこかで接点があったかもしれない。これらの点は今後の重要な研究課題である。

三　日本イギリス理想主義学会の設立とその背景

私は一九八二年九月、オックスフォードのベリオル・カレッジで開催された『グリーン没後一〇〇年記念会議』においてその組織委員長のヴィンセント博士（カージフ大学）と会い、グリーンを再評価する見識に敬意を表すると共に刺戟を受けた。さらに、この会議の翌日、「イギリスヘーゲル学会」が開催された。そのとき、私は同学会の機関誌『イギリスヘーゲル学会紀要』の編集者であったZ・A・ペルチンスキー博士に会った。博士はペンブローク・カレッジのレストランに私を招待し、昼食を共にした。その席上でかれは「近く日本へ行くかもしれないので、よろしく取り計らって下さい」といった。帰国後、藤原保信教授との話し合いでペルチンスキー教授を受け入れる大学を岡山大学で考えてほしいと云われたので、私が事務局と交渉したところ、三名の申込者があり、審査の上「今回は見送ることになった」と事務局から返事があった。そこで、早稲田大学で引き受けることになり、藤原教授がペルチンスキー教授の世話をすることになった。私はペルチンスキー教授の依頼で藤原教授の『ヘーゲルの政治哲学』の「書評」を *The Bulletin of the Hegel Society of Great Britain*, II Spring / Summer, (Hegel Society of Great Britain,1985) に掲載することができた。

二〇〇二年九月二日－四日、オックスフォードのハリス・マンチェスター・カレッジにおいて開催された T. H. Green and Contemporary Philosophy の会議において私は「日本における自我実現の思想の展開と西田幾多郎の善」について発表した。Tinothy Sprige 教授や Avital

Simphony教授らから質問があった。私を招いたMari Dimova- Cookson博士は私に「論文が大変clearであった」と評価した。私はこうした経験から刺戟を受け、日本に帰ったらイギリス理想主義の研究会を立ち上げようと考えた。すでに芝田秀幹（沖縄国際大学教授）や川西重忠（桜美林大学名誉教授）らの若い研究者から理想主義研究会の設立を熱心に要望されていた。いろいろと考えた末、次のような趣意書を作成した。

20世紀の英米においては一九世紀半ばからイギリスにおいて台頭した理想主義への反動として分析哲学とプラグマティズムが台頭してきたが、日本においてはイギリス理想主義がどのような問題を含んでいたかについては十分検討されることなく、これら二つの思想が受容されてきた。イギリス理想主義のスポークスマンといってよいT・H・グリーンの思想には民主主義、自由主義、社会主義の原点が見られ、これらはその後、ボサンケ、ホッブハウス、フェビアン協会の思想家に影響を与えてきた。イギリス理想主義の展開は、今日的視点から見ても重要な問題提起をしているだけに、その歴史的研究の意義は大きい。自由主義と社会主義とが日本において次第に識者の関心を呼ぶようになったのは、20世紀初期においてであったが、これら二つの対立した思想を理解するためにはその源流にさかのぼってそれらを研究する必要がある。この意味において河合栄治郎の思想研究は重要な意味をもつ。

近代日本におけるイギリス思想の受容を見るとき、明治初年以来功利主義や進化論が主流であったが、その後これらの思想は人間として生きる目的を十分説明していないとし、それらを批判する「丁酉倫理会」（明治三〇年）が設立された。この研究会は理想主義的な学者のグループであったが、その研究活動の歴史については今まで十分研究されてこなかった。イギリス理想主義の影響は、中島力造、高山樗牛、綱島梁川、西田幾多郎、西晋一郎、河合栄治郎等に見られるが、これらの思想家によってそれがなぜ受容され、批判されたかについての研究は、部分的には見られるけれども、これからの重要な課題である。今、なぜイギリス理想主義研究が必要であるかについては以下の五点があげられよう。

1．日本におけるイギリス思想研究の現状を見るとき、一七世紀、一八世紀、一九世紀前半（J・S・ミル）の思想研究は活発であり、研究者の層も厚いが、一九世紀後半から二〇世紀初期にかけてのイギリス理想主義の意義とその役割についての関心は低調である。

2．イギリスにおいては一九六〇年代からイギリス理想主義が再評価され始め、一九八二年にはグリーン没後一〇〇年記念会議、二〇〇二年にはグリーンと現代哲学に関する国際会議、そして、二〇〇三年八月にギリシャで開催される「アングロ・アメリカ理想主義」の会議に見られるように、イギリス理想主義が再評価されつつある。

3．日本においては昭和六〇年ごろから「河合栄治郎研究会」が設立され、その思想研究が活発になされ、理想主義への関心が高まってきている。さらに比較思想の見地からグリーンと日本の思想家とを比較し、日本思想の独創性が問われつつある。

4．政治思想の分野ではフェビアン協会の活動とその思想、ボサンケやホッブハウスの国家論、教育史の分野ではイギリスの教育制度や大学改革、さらに進歩主義の教育思想、リンゼイの民主主義の研究等が内外の研究者によってなされている。

5. グリーンの理想主義は宗教思想と深く結びついている。二〇〇二年の「グリーンと現代哲学」の会議においてはグリーンをモデルにした小説『ロバート・エルスメア』がとりあげられ、さらにグリーンの「英国神学」への影響についての発表もあった。グリーンの宗教思想はこれからの重要なテーマである。

以上のような状況の中で、最近、若い研究者の間からイギリス理想主義に関心をもつ人びとが集まり、相互に意見交換や討論を通して研究を一層促進する共通の場をもつ必要があるという声が期せずして全国的に起こってきた。こうした声に応えるために、このたび「イギリス理想主義研究会」を設立するに至った次第である。本研究会はイギリス理想主義の展開を研究するだけにとどまらず、日本その他の国における、その受容過程をも研究することによって近代思想の特徴とその意義とを明らかにすることを目的としている。参加メンバーとしては哲学、倫理学、教育史、教育思想、政治思想、社会思想、宗教思想等に関心をもつ研究者、教員、院生等が期待されている。多くの人びとの入会を心から歓迎したい。

平成一五年七月二六日

世話人　行安　茂

発起人

大塚　桂、小田川大典、金丸晃二、川西重忠、佐々木英和、芝田秀幹、谷川昌幸、名古

忠行、松井慎一郎、萬田悦生、水野友晴、安原義仁、山崎洋子、行安　茂、若松繁信

本研究会は毎年『イギリス理想主義研究年報』を刊行することになり、創刊号（二〇〇五）以来今日に至っており、二〇一七年段階で第一三号を発行した。なお、本研究会は二〇一一年八月二七日（土）の評議員会および総会の議決により「日本イギリス理想主義学会」に昇格することが承認された。

四　『イギリス理想主義の展開と河合栄治郎』の着想と構成

本書を構想するに至ったのは今から四六年以前私がオックスフォード大学留年中に交流し、議論した経験および南イリノイ大学での講義等によるものであった。当時、日本の伝統と思想を再評価する必要があると感じたのは、かれらが自国の伝統（tradition）を重んじていることを知り、これからは日本の思想の中で評価すべき部分を発見し、これとの関係においてグリーン研究を進める必要があると痛感したからである。では今までのグリーン研究と日本の思想とをどのように関連づけるか、これによって新しい発見として何が期待されるか。これは最も難しい問題であるが、日本人の一人として考えずにはおれない問題であった。この問題に答える第一歩としてグリーンの理想主義に基づく自我の成長は河合栄治郎の後継者によってどのように発展したかを再検討する必要があると私は考えるに至った。さらに、河合栄治郎が生前考えていたイギリス理想主義の系譜をたどることによって河合の理想主義の源泉と発展とを再検討

する必要があると考えた。こうした問題についての再検討は河合の死後体系的に試みられていないので、『イギリス理想主義の展開と河合栄治郎』は本邦初の研究書であると私は自負している。本書は二部構成となっている。各章の題目とその執筆者とを左に紹介しておく。

註

(1)　『西田幾多郎全集』第一八巻、岩波書店、昭和四十一年、七五頁。
(2)　『西田幾多郎全集』第一巻、岩波書店、一四五頁。
(3)　丁酉倫理會『講演集』第九、大日本圖書株式會社、明治三五年、一〇七頁。

(4) 西晋一郎「グリーン氏倫理学序論」(『倫理學書解説』下、東京育成會、明治三四年)、一三六頁。
(5) 同書 一三〇頁。

第一〇章　河合栄治郎の人生観から学ぶもの

一　人格の実現とその課題

第一部第二部を通して私は河合栄治郎の思想の問題点を指摘しながらその思想体系の原理を探究してきた。本章においては最終章として河合の生き方・人生観からわれわれは何を学ぶことができるかについて考察する。河合は『トーマス・ヒル・グリーンの思想体系』の研究によって人生の最終目的として人格の実現（理想の自我の実現）をかれの人生観のキーワードとしてかれの人生観を確立した。この理想主義は現在においてもわれわれの行動の指針となり得るので参考になる点が多い。河合は人格の実現が最高目的であって物件は手段であるという。かれはこの人生観をカントの定言命法から学んだという。多くの人が躓くのは人格の実現と物件とが別々に考えられていることである。問題はこの両者がどのような関係において考えられるかということである。河合は物件は人格の実現への手段であるにすぎないと考える。物件とは物質的なものであり、金とか利益を意味する。これは地位や名誉と結びついた外面的関心の対象である。

問題はこれらの衝動が向かう対象から離れて人格が考えられるかということである。衝動の対象を達成することは不正や悪の結果となる場合が少なくない。しかし、これらの衝動を正しく方向づけることによってその対象を達成する活動それ自体は、これが正しく方向づけられている限り、何らかの形式において社会的善（公共の利益）に貢献する。人格の実現は具体的には社会的善の達成において見られる。それは同時に自己自身の善の実現でもある。人格の実現は社会的（公共的）善の実現であると共に個人的善の実現でもある。河合はこの点を明確には説明していない。ここで考えるべきことは人格とは何であるかということである。河合は人格を真善美の統一と定義する。人格はこの統一主体である。それは真善美の統一意識主体である。河合はこれを「全自我」とよんでいる。これは統一的自我意識である。しかしこの意識は自我と衝動（欲求）との識別意識をベースにした意識である。グリーンも自我をこのように考える。河合は解釈の若干の差異を含みながらほぼグリーンの自我を採用している。人格の実現とは真善美の統一意識の実現である。

問題は真善美が自我の意識においてどのようにかかわっているかということである。真理あるいは真実は知性が追求する目的である。知性は知的活動として展開される。この活動は感覚、衝動、知性の協働作用から構成される。この活動は興味の対象を観察し、調べ、その関係を分析し、原因や結果を理論化する。このようにして事物や対象の真相が明らかにされる。その過程においては疑問、問題の解決、感動等が経験される。これは人格の実現の一つの側面である。人格の実現は善を実現する活動を含む。自我の意識は善を実現する活動として具体化する。自我は何をなすことが善であるかを考える。この行為は自分自身が何をなすべきか、他人に対して何をなすべきかという疑問から考えられる。この場合、複数の行為の可能性が示され、これらの中でどの行為を選択することが善であるかが問われる。このような思考（知性）のプロセスにおいては欲求（衝動）、知性、意志の統一意識が作用することによって善の行為が選択される。これが人格の実現の道徳的側面である。人格の実現は芸術的（美的）側面を含んでいる。自我は美を創造し、美を鑑賞する意識をもつ。自我意識は絵を描き、それを鑑賞する衝動、音楽の作詞や作曲を創造したり、音楽を鑑賞する衝動をもつ。これらの経験は人間性を豊かにし、人生観の重要な構成要素である。河合は以上の知的活動・道徳的活動・芸術的活動の統一（調和）が人格の実現であるという。この統一は自我の統一意識によって可能であり、河合はこの意識を可能にするものは理性であるという。これは河合がカントから影響されたためであると考えられる。なお、河合は真善美の三つの価値を人格を実現する三要素と考えたが、信（信仰）の宗教的活動に言及しなかった。これは今後検討すべき課題である。

二　河合栄治郎の「強い性格」と人間関係

河合栄治郎の人生観の基礎はかれの「強い性格」にある。河合は次男であった。概していえることは長男は温厚であるが、次男は気が強く、社交的であるのが一般的であるということである。河合には弟がいたが、どんな性格であったのか伝えられていない。河合の姉はかれを幼少のときから可愛いがっていたと伝えられ、河合の縁談の世話をするなど母親のような存在であった。一家の写真から見る限り、父親は気性の強い人間に見えるが、河合の教育に理解があり、教育には投資を惜しまない人であったと伝えられている。父親と河合との間にはトラブルもなく、少年時代以後父親への反抗は全くなかったようであり、従順な子どもであった。ある人がどのような人生観をもつか、どのような生き方をしてきたかの原点は少年時代の父子関係がどうであったかにあると私は見ている。さらに本人がどのような性格であったかによってその後の人生の歩みや運命が決定されることが多い。

以上の観点から河合の生涯を概観するとき、河合は小学校、中学校、高校を通して家庭的なトラブルは全くなく、性格は従順であり、頭脳は抜群であり、読書家であった。そこには「強い性格」は表面には現われていないが、河合は「強い性格」を自覚していたに違いない。友人関係もよかったように見える。大学時代も恩師から河合は高く評価され、期待されていたことはかれが農商務省を辞職した後、東京帝国大学経済学部助教授に就任した背景を考えるとき十分理解できる。

河合が「強い性格」の本領を発揮したのは大正八（一九一九）年一一月、上司と意見が合わず農商務省を辞職したときであった。かれは、周知のように、この年の五月アメリカから帰国し、工場法起草に際し、上司と意見が対立し、自分の起草案が認められない雲行きとなった。かれはアメリカの工場労働者の現状を広く調査し、大学教授らとも会い、知識や情報を可能な限り身につけて帰国してからのことであった。かれは労働問題についての知識と情報とを自由に駆使し、法案に生かし、これからの日本の労働政策の方向について自信をもって作成しようとしていた矢先に河合は上司と意見が対立した。河合は自分の主張を貫き通そうとする「強い性格」と自信とをもっていたと十分推察される。上司がどのような性格の人であったかはわからない。こうした場合考えられることは、二人の性格が強いことである。あるいは上司が温厚であり、直ちに判断ができない官僚タイプの管理職の人であったとも考えられる。そうしているうちに農商務大臣は工場法案の起草作成者を河合から別の人に変更した。河合は「梯子を外《はず》される」立場に追いやられた。河合は、察するに、上司に対する立腹と負けない気性との矛盾から辞職するかどうかの判断に窮した。状況認識の素早さから辞職し、社会改革の思想体系を確立するため将来を展望し、決断したものと考えられる。このドラマは河合にとっては人間関係の最初の反抗事件であったといえる。かれは農商務省内ではアメリカ出張からの帰国以来次第に孤立化したと見える。省内の他の同僚上司から見れば河合は自分の意見を押し通し、修正や妥協を許さい一人よがりの、我の強い傲慢と見られたに違いない。かれが『学生に与う』の「宗教」の中で「自負心」が抜け切れないことを問題にしたのは以上の個人的体験があったからである。「自負心」は外に現わすものではなくて意志として静かに貯えておく道もあるが、河合はこれを理解するまでに成長していなかったのかもしれない。積極的に発言しないものは温厚な「君子」として社会改革には無用と考えられたのであろう。

河合は再度の渡欧から帰国した昭和八年（一九三三）年以後、国家主義と闘う論文を『文芸春秋』（昭和八年）に、さらに二・二六件についての批判論文を『大學新聞』（昭和一一年）に発表する。この年の四月、帝国大学経済学部長に任ぜられたが、学内の派閥間の対立等のため翌年三月経済学部長を辞任する。学内組織を一つの力として維持発展するため自己犠牲的精神によってまとめる経営手腕が問われたことであろう。河合はこの経営能力をもっていたと考えられるが、好き嫌いの激しい個性が同僚の反感を買ったのかもしれない。人格の実現を河合は人生観の最終目的であると認めながら、なぜかれは学部内外に敵をつくったのであろうか。理論と実践との統一は河合において問題にならなかったのであろうか。河合は他人を批判する洞察力には優れていたが、自分自身を厳しく反省し、負けて勝つ道を知らなかったように見える。

三　河合栄治郎の「補完」の問題

河合栄治郎の『学生に与う』の中でしばしば出てくる「補完」は考えさせる問題を含んでいる。「補完」とは、河合によれば人間は完全ではなくて何らかの欠点・短所をもっているから、他人の長所を利用し、生かすことによって自己の欠点や短所を補うことを意味する。それは人間が互いに利用したり、利用されたりすることを認めることである。河合は「友情」や「恋愛」の中でこれについて説明している。

「補完」が以上の意味であるとすれば、それは利己主義を前提としていると解釈することができる。友情や恋愛、その他の人間関係において利己主義によって補完が成立しているとするならば、利用価値の何かをもっていない人は補完はできない。河合は補完すべきものを物質的に考えている。職業はそれぞれの商品の売買によって補完し合っていると河合はいう。利用価値の何かをもっていない人は相手に与えることはできない。「補完」とは何であるかを精神的に考える必要があるが、かれはこの点に言及していない。補完の思想はものごとを真実において考えない重大な欠陥を含んでいるといわざるを得ない。補完すべきものは「物」であるか。人に与える物がない人は何をもって人に与えることができるか。

仏教には「無財の七施」という言葉がある。物がなくても七つの与えるものがあると説かれる。これは物はなくても人間の心と身体とによって与えたり、与えられたりすることができるとの意味である。道を歩いていて人に会ったら一言挨拶をする。挨拶は言葉を使い、親しみを与え、表情を伝える。これら三つの表現は心身の働きである。心身の表現は人に感動を与えると共に相手からの表現によって自分も感動する。相互の心の交流である。これは金や物品以上に非常に大きな宝を与え、与えられていることを意味する。これらの表現は心がこもっているから真実であり、比較的長く互いに心に残る。河合の「補完」は自分が相手から何かを得ようとする期待や下心が含まれているが、「無財の七施」はこうした期待や下心は全くない。無心である。だからそれは純粋であり、真実である。これが人を大きく動かす。

友情や恋愛の心は本来は純粋であり、真実である。このときにおいてのみ献身、奉仕が可能である。友情や恋愛が「補完」によって結ばれるとするならば、その裏には何らかの条件が隠されていると見るべきである。条件なしの友情や恋愛が自然の感情である。こうした心は自然に何かを与え、何かを与えられると見ることができる。ではこうした心はどのようにして得られるであろうか。それは他人の成長に役立つことをなすことそれ自身が自己自身の成長であるということである。他人の成長に役立つとは自分の心身の調和的成長に努力することである。こうした思想は相手から何かを得ようという期待ではない。相手の成長を考えることが第一の問題である。「補完」の根底に利己心の下心がないかどうかが問題である。

河合が「補完」を着想したのはかれのカント解釈からきている。河合は以下のように解釈する。「カントが各人は『常に目的として扱われなければならない』といいながら必ずしもけっして手段とすべからずとはいわないで、『単に手段として扱うべからず』といって、手段として扱われることのあるのを認めているのは、各人が互いに補完の役目を爲す場合には、彼は私の手段となり、私は彼の手段たらざるをえないからである。」（『学生に与う』「教養」（二））

このように解釈できるのは、ある前提があって始めて可能である。その前提とは人間が神またはは仏への信仰があるということである。カントがどのような信仰をもっていたかは専門外の私にはわからない。グリーンは信仰をもっていた。グリーンが共通善を説明するとき、「相補的」（complementary）という言葉を使っている。しかし河合はこの点には全く注目していない。河合は共通善（common good）を「共通」の視点から相互交流による善の共有に注目していない。グリーンはこのプロセスにおける善の相補関係は相互奉仕によって成立すると考えている。この考え方の背景にはキリスト教的信仰があることは明らかである。神への奉仕は具体的には人々の間の相互奉仕である。河合の「補完」の背景には宗教的なものは見えない。

四　河合栄治郎の人生観と健康

河合栄治郎は教え子たちの語るところによれば身体は強健、食欲は旺盛、頭脳明晰、強い性格、一意専心、批判的精神、雄弁と文章の表現力、素早い行動力、事前の計画と遂行能力等への自信をもっていた。かれは酒などのアルコールを好まなかったが、甘いものを好んだといわれている。河合は健康そのものであったが、五三歳でバセドウ氏病で急逝した。当時としては早世であった。

河合の教え子等の回想から判断すると、かれの早世の原因の一つは不規則な生活にあったといわれる。その一例として『学生に与ふ』は二〇日間で書き上げたといわれる（同書「序」、昭和一五年）。毎日一七時間の労働によって原稿を書いたという。全く超人的労働であったが、そこには心身への無理があったと考えられる。執筆能力があったとしても一日一七時間原稿を書くならば、全身はかなり疲労したはずである。当時かれは四九歳であった。働き盛りの年齢であるとはいえ、身体のどこかが無理をしていたことであっただろうと想像される。かれは徹夜をしても平気であったのかもしれない。河合は「理想主義体系」を完成させるためには「六三歳の頃までは石にかぢりついても生きていたい」と塩尻公明に語っていたという。その河合が五三歳で早世したのはなぜか。それは超人的な研究と執筆とによっていつしか身体が消耗したからであろう。われわれ平凡な人間が河合栄治郎の生涯から学ぶべきものは何であろうか。私は以下の点をあげたい。

第一点は毎日規則正しく働くことである。昼間は一定時間働き、夜はぐっすり一定の時間就寝し、心身の休養を確保することである。スイスの理想主義者・C・ヒルティ（一八三三―一九〇九）は以下のようにいう。「時間をつくる最もよい方法は、一週に六日―五日でも七日でもなく―、一定の昼の（夜でない）時間に、ただ気まぐれでなく、規則正しく働くことである。」（『幸福論』第一部、岩波文庫、一九八三年、一八二―八三頁）河合は「気まぐれ」ではなかったが、昼夜を通して一七時間毎日読み、書きした。これが自然の法則に反する不規則な生活である。

第二点は人間の身体は強いように見えても弱いことを知ることである。弱そうな人間であっても規則正しく生活すれば、一定の成果を上げることはできる。河合は自己の弱さを知らなかったように見える。弱さを知る機会は少年時代以後あったはずである。

第三点は河合が自己の才能、健康、学識等に絶対的自信をもっていたために、謙虚への反省が不足していたように見えることである。かれがこれらの点についての第三者の批判に耳を傾け、自己の生き方を修正したかどうかはわれわれ自身の問題として絶えず再考する価値は十分ある。

第四点は河合の人生観は「人間は名を残すものだ。」（『河合栄治郎の傳記と追想』三一八頁）という言葉に示されていることである。河合の人生観を内村鑑三の『後世への最大遺物』（岩波文庫）と比較して読む必要がある。名を残すか仕事を残すか、人を育てるか。これらの関連を改めて考える課題がある。

第五点は自己の人格を実現するためには何をどう考えたらよいかということである。河合は自負心および利己心への執着からどのようにして脱却することができるかを宗教の問題にした。かれは神の前に跪ずくことができるためには自負心を捨てる必要があるという。しかし河合はこの方法については説明していない。心身が行住坐臥の毎日において自然に一体となるように呼吸のままに自己を調整する努力を絶えずすることが求められる。そうすれば心身は動きつつも平静を保つことができ、執着心はいつしか忘れ去られてゆく。このとき人格は自然に実現される。これが日本の仏教、とくに坐禅の道であると私は理解している。

参考文献

『河合榮治郎全集』第一巻　社会思想社、昭和四三年
『河合榮治郎全集』第二巻　社会思想社、昭和四三年
『河合榮治郎全集』第八巻　社会思想社、昭和四四年
河合榮治郎『社會思想家評傳』河合榮治郎選集　第一巻、日本評論社、昭和二三年第二版第四刷発行
河合榮治郎編『學生と教養』日本評論社、昭和十三年
河合榮治郎編『學生と先哲』日本評論社、昭和十六年廿七版
河合榮治郎『在歐通信』河合榮治郎選集第五巻、日本評論社、昭和二十三年
河合榮治郎『第一學生生活』河合榮治郎選集2、日本評論社、昭和十二年
社會思想研究会編『河合榮治郎傳記と追想』社會思想研究會出版部、昭和二十三年
江上照彦『河合榮治郎伝』社会思想社、昭和四六年
J・S・ミル（塩尻公明・木村健康訳）『自由論』岩波文庫、一九七七年、第一〇刷発行
J・S・ミル（朱牟田夏雄訳）『ミル自伝』、一九八五年第二八刷発行
内村鑑三『後世への最大遺物・デンマルクの国の話』岩波文庫、昭和三八年第十九刷発行
新渡戸稲造（矢内原忠雄訳）『武士道』岩波文庫、一九九二年、第四六刷発行
新渡戸稲造『縮刷修養』實業之日本社、大正十一年第七十九刷

社会思想研究会編『社会思想研究会の歩み―唯一筋の路―』社会思想社、昭和三十七年
『西田幾多郎全集』第一巻、岩波書店、昭和四十年
『西田幾多郎全集』第十八巻　岩波書店、昭和四十一年
河合榮治郎『新版　学生に与う』現代教養文庫、社会思想社、一九九七年
行安　茂『グリーンの倫理学』明玄書房、昭和四三年
行安　茂『トマス・ヒル・グリーン研究』理想社、昭和四九年
虫明　竑・行安　茂編『綱島梁川の生涯と思想』早稲田大学出版部、昭和五六年
行安　茂・藤原保信編『T・H・グリーン研究』御茶ノ水書房、一九八二年
行安　茂編『H・シジウィック研究』以文社、一九九二年
行安　茂編『近代イギリス倫理学と宗教』晃洋書房、一九九九年
行安　茂「河合栄治郎とT・H・グリーン」廣島哲学會編『哲學』第五四集、平成一四年
行安　茂『近代日本の思想家とイギリス理想主義』北樹出版、二〇〇七年
行安　茂「西田幾多郎とT・H・グリーン」『日本哲学史研究』第九号、京都大学大学院文学研究科日本哲学史研究室紀要、二〇一二年
行安　茂編『イギリス理想主義の展開と河合栄治郎』世界思想社、二〇一四年

T. H, Green, *Prolegomena to Ethics,* Fourth Edition, Clarendon Press, 1899.

H. Sidgwick, *The Methods of Ethics,* Sixth Edition, Macmillan and Co.,1901.

F. H. Bradley, *Ethical Studies,* Clarendon Press, 2nd edn, 1927, Reprinted 1952.

R. L. Nettleship,*Thomas Hill Green:Memoir,* Longmans &Co., 1906.

Sir Henry Jones and John Henry Muirhead, *The Life and Philosophy of Edward Caird,* Maclehose, Jackson and Co., 1921

M.Sidgwick, *Outlines of the History of Ethics for English Readers,* Macmillan and Co., 1949.

Melvin Richter, *The Politics of Conscience: T.H.Green and His Age,* Weidenfeld and Nicholson,1964.

Felix Adler, *An Ethical Philosophy of Life,* D.Appleton and Company, 1919.

Horace L.Friess, *Felix Adler and Ethical Culture,* Edited by Fannia Weingartner, Columbia University Press, 1981.

Collected Works of T.H.Green, Volume2, Edited and Introduced by Peter Nicholson, Thoemmes Press, 1997.

Collected Works of T.H.Green, Volume3, Edited and Introduced by Peter Nicholson, Thoemmes Press, 1997.

John Dewey, *The Early Works,* 1882-1898, 3, Sothern Illinois University Press,1969.

John Dewey, *The Early Works,* 1882-1893, 4, Southern Illinois University Press,1971.

John Dewey, *The Middle Works,* 1899-1924, 12, Sothern Illinois University Press,1982.

John H.Muirhead, *The Platonic Tradition in Anglo-Saxon Philosophy,* George Allen & Unwin, First Published in 1931. Second Impression, 1965.

John Rawls, *A Theory of Justice,* Oxford University Press, paperback, 1973.

Atsuko Hirai, *Individualism and Socialism,* Council on East Asian Studies, Harvard University, 1986.

Morton G.White, *The Origin of Dewey's Instrumentalism,* Octagon Books,1977.

あとがき

筆者は本書全体を通して随所において指摘したように理想の自我（人格）を実現することが自我の成長の目的であるが、この成長と理想の自我との間にはギャップがある。もしこの成長それ自体が全自我の表現であると新しく解釈されたならば、ギャップは解消される。河合は一方では「全自我の躍動」を主張するが、これは理想であって、現実の自我は全自我に向かって激励され、鞭撻される不完全な自我である。いかにすれば現実の自我は全自我の表現となるかが自我成長論の課題であるが、河合はこれに応える理論を示すに至らなかった。

河合は人格の実現を最高善と考え、物件（富、名誉、地位等）は手段であって最高善ではないと考える。究極目的と手段とが分離し、両者が二元的に見られているところに、ギャップの根本原因がある。河合の社会哲学はこの二元論に基づき、社会制度の目的は人格の実現であるとされる。社会の各成員はそれぞれの場において人格の実現を目的として意識しているであろうか。法律上は人格の実現が最高目的であるが、各成員のレベルで考えるとき、利己主義（利己心、名誉心、野心、欲望等）が社会の一員としての活動の原動力の一要因になっていることは否定できない。河合はこれらを悪として一刀両断に区別し、両者を自我実現の理論によって統合発展する理論を形成するに至らなかった。河合は悪を善に転換させる理論をもっていなかった。この点はグリーンの自我実現の原理が河合によって理解されなかった最大の問題である。河合はこの原理を引用しているが、積極的に評価する説明をしていない。もしグリーンの自我実現の原理が理解され、受容されていたならば、永遠意識、動物的有機体としての人間、共通善の三者の統一的関係が理解されたことであっただろうと考えられる。かくして最善なるものは「よりよき」人間の源泉として考えられ、両者は目的と手段との連続的行為において結合される。この行為は社会の成員の相互交流による共通善を実現する。しかし、河合はこの理論を発展させていなかったために、人格の実現と現実の自我とを結合する理論を構築することができなかった。

河合がもし「全自我の躍動」を知情意の統一原理によって基礎づけていたならば、現実の自我の成長それ自身の中に人格の実現を発見することができたであろうと考えられる。河合はこの統一原理をグリーン研究によって自我の意識の中に求めようとしたと見えるが、これを発展させるためには神的原理の導入を容認しなければならなかったので、河合はこれには消極的であった。河合は理性に訴えざるを得なかったが、これはすでに見たように二元論の結果となるに至った。しかし河合栄治郎にはもう一つの道がある。それは芸術論に主張される「忘我」(没我)の理論である。これは恋愛論や友情論において主張されたように自分と相手とが二にして一つであることを可能にする愛である。忘我によって人間愛が生まれるという発想である。この理論は人格の実現と現実の自我とを結合し、「二にして一なる」ものを実現することができるから、筆者が指摘してきたギャップを克服することができる。河合の忘我は主客合一を可能にする西田幾多郎の純粋経験に基づく「純一無雑の作用」を髣髴させるが、河合はこの哲学的基礎を理解したようには見えない。河合は没我は「一にして二なる」分裂の可能性を示唆している。河合の忘我は絶対的確実性に基礎を置いているわけではない。河合栄治郎は人間の本性をどう考えたか、人格の実現と現実の自我との同一性をどう考えたか、理性の限界にとって代わる原理をどう考えるかは河合の自我成長論に残された重要な、根本問題である。

本書を刊行するにあたっては川西重忠氏（桜美林大学名誉教授・アジアユーラシア総合研究所々長）から格別の配慮と支援とを賜わったことに対して深甚の謝意を表し、心から厚くお礼を申し上げたい。

二〇一八年九月二五日

行安　茂

著者紹介

行安　茂（ゆきやす　しげる）

1931年　岡山県に生まれる
1961年　広島大学大学院文学研究科（倫理学専攻）博士課程　単位取得
1965年　文学博士（広島大学）
1965年　岡山理科大学助教授（'69年、同教授）
1975年　岡山大学教育学部助教授（'80年、同教授）
1977年　くらしき作陽大学教授（～2002年）
現　在　岡山大学名誉教授、日本イギリス理想主義学会会長、日本道徳教育学会会長代行、日本デューイ学会常任理事、比較思想学会評議員、日本イギリス哲学会名誉会員

著書　『グリーンの倫理学』（明玄書房、1968）、『トマス・ヒル・グリーン研究－その思想形成と哲学』（理想社、1974）、『デューイ倫理学の形成と展開』（以文社、1988）、『近代日本の思想家とイギリス理想主義』（北樹出版、2007）、『戦後71年の回顧とイギリス・アメリカ思想』（桜美林大学北東アジア研究所、2017）他

編著　『綱島梁川の生涯と思想』（共編、早稲田大学出版部、1981）、『T.H.グリーン研究』（共編、御茶の水書房、1982）、『H.シジウィック研究－現代正義論への道』（以文社、1992）、『近代イギリス倫理学と宗教－バトラーとシジウィック』（晃洋書房、1999）、『戦後道徳教育を築いた人々と21世紀の課題』（共編、教育出版、2012）、『イギリス理想主義の展開と河合栄治郎』（世界思想社、2014）他

論文　「河合栄治郎とT.H.グリーン」（『哲学』第54集、広島哲学会、2002）、「西田幾多郎とT.H.グリーン」（『日本哲学史研究』第９号、京都大学大学院文学研究科日本哲学史研究室、2012）、「リベラル・デモクラシーの展開－トーマス・ヒル・グリーンを中心として」（『未来』１、未来社、2012）他

河合栄治郎の思想形成と理想主義の課題

2018年11月5日　初版 第1刷発行

著　者　行安　茂
発行者　川西　重忠
発行者　一般財団法人 アジア・ユーラシア総合研究所
〒151-0051　東京都渋谷区千駄ヶ谷1-1-12-3F
Tel：03-5413-8912　Fax：03-5413-8912
http://www.obirin.ac.jp
E-mail: n-e-a@obirin.ac.jp
印刷所　株式会社厚徳社

2017 Printed in Japan
ISBN978-4-904794-09-8